BELLEVALLÉE

LES INCAS,

ou

LA DESTRUCTION
DE L'EMPIRE
DU PÉROU.

La Religion protégeant l'Humanité
contre le Fanatisme.

LES INCAS,
OU
LA DESTRUCTION
DE L'EMPIRE
DU PÉROU;

PAR M. MARMONTEL,

Historiographe de France, l'un des Quarante de l'Académie Françoise.

TOME PREMIER.

Accordez à tous la tolérance civile, non en approuvant tout comme indifférent, mais en souffrant avec patience tout ce que Dieu souffre, & en tâchant de ramener les hommes par une douce persuasion.

FÉNELON, *Direction pour la conscience d'un Roi.*

A PARIS,
Chez LACOMBE, Libraire, rue de Tournon, près le Luxembourg.

M. DCC. LXXVII.

AVEC APPROBATION, ET PRIVILEGE DU ROI.

AU ROI
DE SUEDE.

Sire,

C ET hommage de la reconnoissance ne sera point souillé par l'adulation. C'est à la Suede, heureuse de vous avoir remis

ÉPITRE

le dépôt de sa liberté, à la Suede, où regne à présent la tranquillité, la concorde, la douce autorité des loix, à la place des factions & des troubles de l'Anarchie; c'est à ce Peuple, trop long-temps divisé par des intérêts étrangers, & tout-à-coup éclairé sur les siens, réuni, rendu à lui-même, enfin délivré des entraves qui retenoient captives sa force & sa vertu, c'est à lui, SIRE, à vous louer.

J'ESPERE bien consigner dans les Fastes de vos augustes Alliés cette grande & premiere époque du regne de VOTRE MAJESTÉ, cette révolution si évidemment nécessaire au bonheur de vos États, SIRE, puisqu'elle s'est faite sans violence d'un côté, & sans résistance de l'autre. Mais ce témoignage, que je rendrai au libérateur, au bienfaiteur de la Suede, ne sera publié que lorsque je ne vivrai plus, & que la tombe, inaccessible à l'espérance & à la crainte, garantira ma sincérité.

AUJOURD'HUI, SIRE, c'est de ma propre gloire que je m'occupe, en suppliant VOTRE MAJESTÉ de permettre que cet Ouvrage paroisse au jour sous ses auspices, comme un monument des bontés dont elle daigne m'honorer.

QUE dis-je ? Est-ce à moi, SIRE, est-ce à ma vaine gloire que je dois penser dans ce moment ? La moitié du globe opprimée, dévastée par le fanatisme, est le tableau que je présente aux yeux de

ÉPITRE

VOTRE MAJESTÉ; je rouvre la plus grande plaie qu'ait jamais faite au genre humain le glaive des persécuteurs ; je dénonce à la Religion le plus grand crime que le faux zele ait jamais commis en son nom ; puis-je ne pas m'oublier moi-même ?

C'EST l'humanité, SIRE, outragée & foulée aux pieds par son plus cruel ennemi, que je mets aujourd'hui sous la protection d'un Roi sensible & juste, ou plutôt de tous les bons Rois, de tous les Rois qui vous ressemblent. Les attentats du fanatisme ne sont pas de ceux qu'il suffit de déférer à la rigueur des Loix : car les Loix ne sont plus quand le fanatisme domine. Tous les autres crimes ont à redouter ou le châtiment où *l'opprobre* ; les siens portent un caractere qui en impose à l'autorité, à la force, à l'opinion ; un saint respect les garantit trop souvent de la peine, & toujours de la honte ; leur atrocité même imprime une religieuse terreur ; & si quelquefois ils sont punis, ils n'en sont que plus révérés. Le fanatisme se regarde comme l'Ange exterminateur. Chargé des vengeances du ciel, il ne reconnoît ni frein, ni Loi, ni Juge sur la terre. Au trône il oppose l'autel, aux Rois il parle au nom d'un Dieu, aux cris de la nature & de l'humanité il répond par des anathêmes. Alors tout se tait devant lui ; l'horreur qu'il inspire est muette. Tyran des ames & des esprits, il y étouffe le sentiment & la lumiere naturelle ; il en chasse la honte, la pitié, le remords :

ÉPITRE

plus d'opprobre, plus de supplice capable de l'intimider : tout est pour lui gloire & triomphe. Que lui opposer, même du haut du trône qu'il regarde du haut des cieux ? Peuples & Rois, tout se confond devant celui qui ne distingue parmi les hommes que ses esclaves & ses victimes. C'est sur-tout aux Rois qu'il s'adresse, soit pour en faire ses Ministres, soit pour en faire des exemples plus éclatans de ses fureurs : car ils ne sont sacrés pour lui qu'autant qu'il est sacré pour eux. Aussi les a-t-on vus cent fois le servir en le détestant, & de peur d'attirer sa rage sur eux-mêmes, lui laisser dévorer sa proie, & lui livrer des millions d'hommes pour l'assouvir & l'appaiser. Quel ennemi, SIRE, pour les Souverains, pour les peres des Nations, qu'un monstre qui, jusques

DÉDICATOIRE.

dans leurs bras, déchire leurs enfans, sans qu'ils osent les lui arracher ! C'est donc aux Rois à se liguer d'un bout du monde à l'autre, pour l'étouffer dès sa naissance, ou plutôt avant sa naissance, avec la superstition qui en est le germe & l'aliment.

Vous êtes né, SIRE, pour donner de grands exemples à vos pareils ; mais peut-être ne serez-vous jamais plus utile & plus cher au monde, qu'en invitant les Rois à soutenir, d'une protection éclatante, les Écrivains qui prémunissent les générations futures contre les séductions & les fureurs du fanatisme, & qui jettent dans les esprits cette lumiere vraiment céleste, ces grands principes d'humanité & de concorde universelle,

ÉPITRE DÉDICATOIRE.

ces maximes enfin d'indulgence & d'amour, dont la Religion, ainsi que la nature, a fait l'abrégé de ses loix & l'essence de sa morale.

Je suis avec le plus profond respect,

SIRE,

DE VOTRE MAJESTÉ,

Le très-humble & très-obéissant serviteur,

MARMONTEL.

PRÉFACE.

Toutes les Nations ont eu leurs brigands & leurs fanatiques, leurs temps de barbarie, leurs accès de fureur. Les plus estimables sont celles qui s'en accusent. Les Espagnols ont eu cette fierté, digne de leur caractere.

Jamais l'Histoire n'a rien tracé de plus touchant, de plus terrible, que les malheurs du Nouveau Monde dans le Livre de Las-Casas (*a*). Cet Apôtre de l'Inde, ce vertueux Prélat, ce témoin qu'a rendu célebre sa sincérité courageuse, compare les Indiens à des agneaux, & les Espagnols à des tigres, à des loups dévorans, à des lions pressés d'une longue faim (*b*). Tout ce qu'il dit dans son Livre, il l'avoit dit aux Rois, au Conseil de Castille, au milieu d'une Cour vendue à ces brigands qu'il accusoit. Jamais on n'a blâmé son zele; on l'a même honoré : preuve bien éclatante que les crimes qu'il dénonçoit, n'étoient ni permis par le Prince, ni avoués par la Nation.

On sait que la volonté d'Isabelle, de

Tome I.   A

Ferdinand, de Ximenès, de Charles-Quint, fut constamment de ménager les Indiens : c'est ce qu'attestent toutes les ordonnances, tous les réglemens faits pour eux (c).

Quant à ces crimes, dont l'Espagne s'est lavée, en les publiant elle-même & en les dévouant au blâme, on va voir que par-tout ailleurs les mêmes circonstances auroient trouvé des hommes capables des mêmes excès.

Les Peuples de la Zone tempérée, transplantés entre les tropiques, ne peuvent, sous un ciel brûlant, soutenir de rudes travaux. Il falloit donc, ou renoncer à conquérir le Nouveau Monde, ou se borner à un commerce paisible avec les Indiens, ou les contraindre par la force de travailler à la fouille des mines & à la culture des champs.

Pour renoncer à la conquête, il eût fallu une sagesse que les Peuples n'ont jamais eue, & que les Rois ont rarement. Se borner à un libre échange de secours mutuels eût été le plus juste : par de nouveaux besoins & de nouveaux plaisirs, l'Indien seroit devenu plus laborieux, plus actif, & la douceur eût obtenu de lui ce que n'a pu la violence. Mais le fort, à l'égard du foible, dédaigne ces ménagemens : l'égalité le blesse ; il domine, il commande, il veut recevoir fans donner. Chacun, en abordant aux Indes, étoit preffé de s'enrichir; & l'échange étoit un moyen trop lent pour leur impatience. L'équité naturelle avoit beau leur crier: « Si » vous ne pouvez pas vous-mêmes tirer du fein » d'une terre fauvage les productions, les mé- » taux, les richeffes qu'elle renferme, aban- » donnez-la; foyez pauvres, & ne foyez pas » inhumains ». Fainéans & avares, ils voulurent avoir, dans leur oifiveté fuperbe, des efclaves & des tréfors. Les Portugais avoient déja trouvé l'affreufe reffource des Negres; les Efpagnols ne l'avoient pas; les Indiens, naturellement foibles, accoutumés à vivre de peu, fans defirs, prefque fans befoins, amollis dans l'oifiveté, regardoient comme intolérables les travaux qu'on leur impofoit; leur patience fe laffoit & s'épuifoit avec leur force; la fuite, leur feule défenfe, les déroboit à l'oppreffion; il fallut donc les afservir. Voilà tout naturellement les premiers pas de la tyrannie.

Il s'agit de voir à préfent par quels degrés elle parvint à ces excès d'horreur qui ont fait frémir la nature; & pour remonter à la fource, il faut fe rappeller d'abord que l'ancien monde, encore plongé dans les ténèbres de l'ignorance & de la fuperftition, étoit fi

PRÉFACE.

étonné de la découverte du nouveau, qu'il ne pouvoit se persuader que celui-ci lui ressemblât. On disputoit dans les écoles si les Indiens étoient des hommes ou des singes. Il y eut une bulle de Rome pour décider la question.

Il faut se rappeller aussi que les Castillans qui passerent dans l'Inde avec Cristophe Colomb, étoient la lie de la Nation, le rebut de la populace (*). La misere, l'avidité, la dissolution, la débauche, un courage déterminé, mais sans frein comme sans pudeur, mêlé d'orgueil & de bassesse, formoient le caractere de cette soldatesque, indigne de porter les drapeaux & le nom d'un peuple noble & généreux. A la tête de ces hommes perdus, marchoient des volontaires sans discipline & sans mœurs, qui ne connoissoient d'honneur que celui de la bravoure, de droit que celui de l'épée, d'objet digne de leurs travaux que le pillage & le butin; & ce fut à ces hommes que l'Amiral Colomb eut la malheureuse imprudence d'abandonner les peuples qui se livroient à lui.

Les habitans de l'île Haïti (**) avoient reçu les Castillans comme des Dieux. Enchantés de

―――――――――――――

(*) On y joignit les malfaiteurs.
(**) L'île Espagnole, ou Saint-Domingue.

PRÉFACE.

les voir, empressés à leur plaire, ils venoient leur offrir leurs biens avec la plus naïve joie & un respect qui tenoit du culte. Il dépendoit des Castillans d'en être toujours adorés. Mais Colomb voulut aller lui-même porter à la Cour d'Espagne la nouvelle de ses succès. Il partit (*d*), & laissa dans l'île, au milieu des Indiens, une troupe de scélérats, qui leur prirent de force leurs filles & leurs femmes, en abuserent à leurs yeux, & par toute sorte d'indignités, leur ayant donné le courage du désespoir, se firent massacrer.

Colomb, à son retour, apprit leur mort: elle étoit juste; il auroit dû la pardonner, il la vengea par une perfidie. Il tendit un piege au Cacique (*e*) qui avoit délivré l'île de ces brigands, le fit prendre par trahison, le fit embarquer pour l'Espagne. Toute l'île se souleva; mais une multitude d'hommes nus, sans discipline & sans armes, ne put tenir contre des hommes vaillans, aguerris, bien armés: le plus grand nombre des Insulaires fut égorgé, le reste prit la fuite, ou subit le joug des vainqueurs. Ce fut là que Colomb apprit aux Espagnols à faire poursuivre & dévorer les Indiens par des chiens affamés, qu'on exerçoit à cette chasse (*f*).

PRÉFACE.

Les Indiens, aſſujettis, gémirent quelque temps ſous les dures loix que les vainqueurs leur impoſerent. Enfin excédés, rebutés, ils ſe ſauverent ſur les montagnes. Les Eſpagnols les pourſuivirent, & en tuerent un grand nombre; mais ce maſſacre ne remédioit point à la néceſſité preſſante où l'on étoit réduit : plus de cultivateurs, & dès-lors plus de ſubſiſtance. On diſtribua aux Eſpagnols des terres, que les Indiens furent chargés de cultiver pour eux. La contrainte fut effroyable; Colomb voulut la modérer; ſa ſévérité révolta une partie de ſa troupe; les coupables, ſelon l'uſage, noircirent leur accuſateur, & le perdirent à la Cour.

Celui qui vint prendre la place de Colomb (*), & qui le renvoya en Eſpagne chargé de fers, pour avoir voulu mettre un frein à la licence, ſe garda bien de l'imiter : il vit que le plus ſûr moyen de s'attacher des hommes ennemis de toute diſcipline, c'étoit de donner un champ libre au déſordre & au brigandage, dont il partageroit le fruit. Ce fut là ſa conduite.

De la corvée à la ſervitude le paſſage eſt facile : ce tyran le franchit. Les malheureux

_____

(*) François de Bovadilla.

Infulaires, dont on fit le dénombrement, furent divifés par claffes, & diftribués comme un bétail dans les poffeffions Efpagnoles, pour travailler aux mines & cultiver les champs. Réduits au plus dur efclavage, ils y fuccomboient tous, & l'île alloit être déferte. La Cour, informée de la dureté impitoyable du Gouverneur, le rappella; & par un événement qu'on regarde comme une vengeance du ciel, à peine fut-il embarqué, qu'il périt à la vue de l'île. Vingt-un navires, chargés de l'énorme quantité d'or qu'il avoit fait tirer des mines, furent abîmés avec lui. Jamais l'Océan, dit l'Hiftoire, n'avoit englouti tant de richeffes; j'ajouterai, ni un plus méchant homme.

Son fucceffeur (*) fut plus adroit & ne fut pas moins inhumain. La liberté avoit été rendue aux Infulaires; & dès-lors le travail des mines & leur produit avoient ceffé. Le nouveau tyran écrivit à Ifabelle, calomnia les Indiens, leur fit un crime de s'enfuir à l'approche des Efpagnols, & d'aimer mieux être vagabonds que de vivre avec des Chrétiens, pour fe faire enfeigner leur loi; *comme s'ils euffent été obligés*

(*) Nicolas Ovando.

PRÉFACE.

de deviner, obferve Las-Cafas, *qu'il y avoit une loi nouvelle.*

La Reine donna dans le piege. Elle ne favoit pas qu'en s'éloignant des Efpagnols, les Indiens fuyoient de cruels oppreffeurs ; elle ne favoit pas que, pour aller chercher & fervir ces maîtres barbares, il falloit que les Indiens quittaffent leurs cabanes, leurs femmes, leurs enfans, laiffaffent leurs terres incultes, & fe rendiffent au lieu marqué à travers des déferts immenfes, expofés à périr de fatigue & de faim. Elle ordonna qu'on les obligeroit à vivre en fociété & en commerce avec les Efpagnols, & que chacun de leurs Caciques feroit tenu de fournir un certain nombre d'hommes, pour les travaux qu'on leur impoferoit.

Il n'en fallut pas davantage. C'eft la méthode des tyrans fubalternes, pour s'affurer l'impunité, de furprendre des ordres vagues, qui fervent au befoin de fauve-garde au crime, comme l'ayant autorifé. Le Gouverneur s'étant délivré, par la plus noire trahifon, du feul peuple de l'île qui pouvoit fe défendre (*), tout le refte fut opprimé (*g*); & dans les mines de Cibao il en périt un fi grand nombre, que l'île

────────────────────

(*) Le peuple de Xaragua.

PRÉFACE.

fut bientôt changée en folitude. Ce fut là comme le modèle de la conduite des Efpagnols dans tous les pays du Nouveau Monde. De l'exemple on fit un ufage, & de l'ufage un droit de tout exterminer.

Or, que dans ces contrées, comme par-tout ailleurs, le fort ait fubjugué le foible; que pour avoir de l'or on ait verfé du fang; que la pareffe & la cupidité aient fait réduire en fervitude des peuples enclins au repos, pour les forcer aux travaux les plus durs, ce font des vérités ftériles. On fait que l'amour des richeffes & de l'oifiveté engendre les brigands; on fait que dans l'éloignement les loix font fans appui, l'autorité fans force, la difcipline fans vigueur; que les Rois qu'on trompe de près, on les trompe encore mieux de loin; qu'il eft aifé d'en obtenir, par le menfonge & la furprife, des ordres dont ils frémiroient, s'ils en prévoyoient les abus.

Mais ce qui n'eft pas dans la nature des hommes même les plus pervers, c'eft ce qu'on va lire. La plume m'eft tombée de la main plus d'une fois en le tranfcrivant; mais je fupplie le Lecteur de fe faire un moment la violence que je me fuis faite. Il m'importe, avant d'expofer le deffein de mon Ouvrage, que l'objet en foit bien connu. C'eſt Barthelemi de Las-Caſas qui raconte ce qu'il a vu, & qui parle au Conſeil des Indes.

« Les Eſpagnols, montés ſur de beaux che-
» vaux, armés de lances & d'épées, n'avoient
» que du mépris pour des ennemis ſi mal équi-
» pés ; ils en faiſoient impunément d'horribles
» boucheries ; ils ouvroient le ventre aux
» femmes enceintes, pour faire périr leur fruit
» avec elles ; ils faiſoient entre eux des gageures,
» à qui fendroit un homme avec le plus d'adreſſe
» d'un ſeul coup d'épée, ou à qui lui enleveroit
» la tête de meilleure grace de deſſus les épaules ;
» ils arrachoient les enfans des bras de leur
» mere, & leur briſoient la tête en les lançant
» contre des rochers.... Pour faire mourir les
» principaux d'entre ces Nations, ils élevoient
» un petit échafaud ſoutenu de fourches & de
» perches. Après les y avoir étendus, ils y allu-
» moient un petit feu, pour faire mourir lente-
» ment ces malheureux, qui rendoient l'ame
» avec d'horribles hurlemens, pleins de rage
» & de déſeſpoir. Je vis un jour quatre ou cinq
» des plus illuſtres de ces Inſulaires qu'on brûloit
» de la ſorte ; mais comme les cris effroyables
» qu'ils jettoient dans les tourmens étoient
» incommodes à un Capitaine Eſpagnol, &

» l'empêchoient de dormir, il commanda qu'on
» les étranglât promptement. Un Officier dont
» je connois le nom, & dont on connoît les
» parens à Séville, leur mit un bâillon à la
» bouche, pour les empêcher de crier, & pour
» avoir le plaisir de les faire griller à son aise,
» jusqu'à ce qu'ils eussent rendu l'ame dans ce
» tourment. J'ai été témoin oculaire de toutes
» ces cruautés, & d'une infinité d'autres que je
» passe sous silence ».

Le volume d'où j'ai tiré cet amas d'abominations, n'est qu'un recueil de récits tout semblables; & quand on a lu ce qui s'est passé dans l'île Espagnole, on sait ce qui s'est pratiqué dans toutes les îles du Golfe, sur les côtes qui l'environnent, au Mexique & dans le Pérou.

Quelle fut la cause de tant d'horreurs dont la nature est épouvantée? Le fanatisme: il en est seul capable; elles n'appartiennent qu'à lui.

Par le fanatisme, j'entends l'esprit d'intolérance & de persécution, l'esprit de haine & de vengeance, pour la cause d'un Dieu que l'on croit irrité, & dont on se fait les Ministres. Cet esprit régnoit en Espagne, & il avoit passé en Amérique avec les premiers Conquérans. Mais comme si on eût craint qu'il ne se ralentît, on fit un dogme de ses maximes, un précepte de ses fureurs. Ce qui d'abord n'étoit qu'une opinion, fut réduit en système. Un Pape y mit le sceau de la puissance apostolique, dont l'étendue étoit alors sans bornes : il traça une ligne d'un pôle à l'autre, & de sa pleine autorité, il partagea le Nouveau Monde entre deux Couronnes exclusivement (*h*). Il réservoit au Portugal tout l'orient de la ligne tracée, donnoit tout l'occident à l'Espagne, & autorisoit ses Rois à subjuguer, *avec l'aide de la divine clémence*, & amener à la Foi chrétienne les habitans de toutes les îles & terre ferme qui seroient de ce côté-là. La bulle (*i*) est de l'année 1493, la premiere du pontificat d'Alexandre VI.

Or on va voir quel fut le système élevé sur cette base, & que de tous les crimes des Borgia, cette bulle fut le plus grand.

Le droit de subjuguer les Indiens une fois établi, on envoya d'Espagne en Amérique une formule, pour les sommer de se rendre (*k*). Dans cette formule, approuvée & vraisemblablement dictée par des Docteurs en Théologie, il étoit dit que Dieu avoit donné le gouvernement & la souveraineté du monde à un homme appellé Pierre ; qu'à lui seul avoit été attribué le nom de *Pape*, qui signifie *grand* & *admirable*,

parce qu'il est pere & gardien de tous les hommes ; que ceux qui vivoient en ce temps-là lui obéissoient & l'avoient reconnu pour le maître du monde; qu'au même titre, l'un de ses successeurs avoit fait donation aux Rois de Castille de ces îles & terre ferme de la mer océane ; que tous les peuples auxquels cette donation avoit été notifiée, s'étoient soumis au pouvoir de ces Rois, & avoient embrassé le Christianisme de bonne volonté, sans condition ni récompense. « Si vous faites de même, ajou-
» toit l'Espagnol qui parloit dans cette formule,
» vous vous en trouverez bien, comme presque
» tous les habitans des autres îles s'en sont bien
» trouvés..... Mais, au contraire, si vous ne
» le faites pas, ou si par malice vous apportez
» du retardement à le faire, je vous déclare &
» vous assure qu'*avec l'aide de Dieu*, je vous
» ferai la guerre à toute outrance ; que je vous
» attaquerai de toutes parts & de toutes mes
» forces ; que je vous assujettirai sous le joug
» de l'obéissance de l'Eglise & du Roi. Je pren-
» drai vos femmes & vos enfans, je les rendrai
» esclaves, je les vendrai ou les emploierai
» suivant la volonté du Roi ; j'enleverai vos
» biens & vous ferai tous les maux imaginables,
» comme à des sujets rebelles & désobéissans ;

» & je protefte que les maffacres & tous les maux qui en réfulteront ne viendront que de votre faute, & non de celle du Roi, ni de la mienne, ni des Seigneurs qui font venus avec moi ».

Ainfi fut réduit en fyftême le droit d'affervir, d'opprimer, d'exterminer les Indiens; & toutes les fois que cette grande caufe fut débattue devant les Rois d'Efpagne, le Confeil vit en même temps des Théologiens réclamer, au nom du ciel, les droits de la nature, & des Théologiens oppofer à ces droits l'intérêt de la Foi, l'exemple des Hébreux, celui des Grecs & des Romains, & l'autorité d'Ariftote, lequel décidoit, difoit-on, que les Indiens étoient nés pour être efclaves des Caftillans (*l*).

Or, dès qu'une queftion de cette importance dégénère en controverfe, on fent quelle eft, dans les Confeils, l'incertitude & l'irréfolution fur le parti que l'on doit prendre, & combien le plus violent a d'avantage fur le plus modéré (*m*). La caufe de la juftice & de la vérité n'a pour elle que leurs amis, & c'eft le petit nombre; la caufe des paffions a pour elle tous les hommes qu'elle intéreffe ou qu'elle peut intéreffer, d'autant plus ardens à faifir l'opinion favorable au défordre, qu'elle les fauve

PRÉFACE.

de la honte, leur assure l'impunité & les délivre du remords.

C'est cette opinion, combinée avec l'orgueil & l'avarice, qui, dans l'ame des Castillans, ferma, pour ainsi dire, tout accès à l'humanité; en sorte que les Indiens ne furent à leurs yeux qu'une espece de bêtes brutes, condamnées par la nature à obéir & à souffrir; qu'une race impie & rebelle, qui, par ses erreurs & ses crimes, méritoit tous les maux dont on l'accableroit; en un mot, que les ennemis d'un Dieu qui demandoit vengeance, & auquel on se croyoit sûr de plaire en les exterminant.

Je laisse à la cupidité, à la licence, à la débauche, toute la part qu'elles ont eue aux forfaits de cette conquête; je n'en réserve au fanatisme que ce qui lui est propre, la cruauté froide & tranquille, l'atrocité qui se complaît dans l'excès des maux qu'elle invente, la rage aiguisée à plaisir (*n*). Est-il concevable en effet que la douceur, la patience, l'humilité des Indiens, l'accueil si tendre & si touchant qu'ils avoient fait aux Espagnols, ne les eussent point désarmés, si le fanatisme ne fût venu les endurcir & les pousser au crime ? Et à quelle autre cause imputer leur furie ? Le brigandage, sans mélange de superstition, peut-il aller jusqu'à déchirer les entrailles aux femmes enceintes, jusqu'à égorger les vieillards & les enfans à la mamelle, jusqu'à se faire un jeu d'un massacre inutile, & une émulation diabolique de la rage des Phalaris ? La nature, dans ses erreurs, peut quelquefois produire un semblable monstre ; mais des troupes d'hommes atroces pour le plaisir de l'être, des colonies d'hommes-tigres passent les bornes de la nature. Les forcenés ! en égorgeant, en faisant brûler tout un peuple, ils invoquoient Dieu & ses Saints ! Ils élevoient treize gibets & y attachoient treize Indiens, en l'honneur, disoient-ils, de Jésus-Christ & des douze Apôtres ! Etoit-ce impiété, ou fanatisme ? Il n'y a point de milieu ; & l'on sait bien que les Espagnols, dans ce temps-là comme dans celui-ci, n'étoient rien moins que des impies. J'ai donc eu raison d'attribuer au fanatisme ce que toute la malice du cœur humain n'eût jamais fait sans lui ; & à qui se refuseroit encore à l'évidence, je demanderois si les Espagnols, en guerre avec des Catholiques, en auroient donné la chair à devorer à leurs chiens ? s'il auroient tenu boucherie ouverte des membres de Jésus-Christ ?

Les partisans du fanatisme s'efforcent de le confondre avec la religion : c'est là leur sophisme éternel.

PRÉFACE.

éternel. Les vrais amis de la religion la féparent du fanatifme, & tâchent de la délivrer de ce ferpent caché & nourri dans fon fein. Tel eft le deffein qui m'anime.

Ceux qui penfent que la victoire eft décidée fans retour en faveur de la vérité, que le fanatifme eft aux abois, que les autels qu'il embraffoit ne font plus pour lui un afyle, regarderont mon Ouvrage comme tardif & fuperflu : faffe le ciel qu'ils aient raifon ! Je ferois indigne de défendre une fi belle caufe, fi j'étois jaloux du fuccès qu'elle auroit eu avant moi & fans moi. Je fais que l'efprit dominant de l'Europe n'a jamais été fi modéré; mais je répete ici ce que j'ai déja dit, qu'*il faut prendre le temps où les eaux font baffes pour travailler aux digues*.

Le but de cet Ouvrage eft donc, & je l'annonce fans détour, de contribuer, fi je le puis, à faire détefter de plus en plus ce fanatifme deftructeur ; d'empêcher, autant qu'il eft en moi, qu'on ne le confonde jamais avec une religion compatiffante & charitable, & d'infpirer pour elle autant de vénération & d'amour que de haine & d'exécration pour fon plus cruel ennemi.

J'ai mis fur la fcene, d'après l'Hiftoire, des

Tome I. B

fourbes & des fanatiques; mais je leur ai opposé de vrais Chrétiens. Barthelemi de Las-Casas est le modele de ceux que je révere : c'est en lui que j'ai voulu peindre la foi, la piété, le zele pur & tendre, enfin l'esprit du Christianisme dans toute sa simplicité. Fernand de Luques, Davila, Vincent de Valverde, Requelme, sont les exemples du fanatisme qui dénature l'homme & qui pervertit le Chrétien : c'est en eux que j'ai mis ce zele absurde, atroce, impitoyable, que la religion désavoue, & qui, s'il étoit pris pour elle, la feroit détester. Voilà, je crois, mon intention assez clairement exposée, pour convaincre de mauvaise foi ceux qui feroient semblant de s'y être mépris.

Quant à la forme de cet Ouvrage, considéré comme une production littéraire, je ne sais, je l'avoue, comment le définir. Il y a trop de vérité pour un Roman, & pas assez pour une Histoire. Je n'ai certainement pas eu la prétention de faire un Poëme. Dans mon plan, l'action principale n'occupe que très-peu d'espace : tout s'y rapporte, mais de loin. C'est donc moins le tissu d'une fable, que le fil d'un simple récit, dont tout le fonds est historique, & auquel j'ai entremêlé quelques fictions compatibles avec la vérité des faits.

Je n'écris point pour le petit nombre ; être utile à la multitude est le but que je me propose. C'est mon excuse auprès de ceux qui me reprocheroient d'avoir trop insisté sur des vérités familieres pour eux, mais qui ne le sont pas encore assez pour tout le monde. C'est aussi la raison qui m'a fait essayer de répandre quelqu'agrément dans mes récits & dans mon style : car la premiere condition, pour être utile en écrivant, c'est d'être lu.

Je n'ai eu pour les témoignages ni du respect ni du mépris. Rien de moins fidele sans doute que les récits qu'on nous a faits de la conquête de l'Amérique. J'en ai pris ce qui m'a paru vraisemblable & intéressant.

Qu'on ne m'accuse pas d'avoir flatté les Indiens : le bien que j'en ai dit, leurs destructeurs l'ont dit eux-mêmes ; ils n'auroient pas voulu exagérer le crime de les avoir exterminés.

Les Indiens en général étoient foibles d'esprit & de corps (*o*), je l'avoue ; mais lorsque, pour les avilir, on leur refuse à tous jusqu'à ce courage d'instinct qui brave la douleur & méprise la mort, on est injuste assurément. Sans être lâche on peut trembler devant des hommes que l'on prend pour des Dieux, &

devant des armes que l'on prend pour la foudre. Ceux qui ont accufé les Indiens d'une timidité puérile, auroient dû faire attention que les Romains tremblerent devant des éléphants.

Du refte, fi j'avois voulu exagérer un peu la force ou le courage des Indiens, j'aurois bien pu me le permettre ; mais, lorfqu'on penfe à faire plaindre le foible opprimé par le fort, quel intérêt peut-on avoir de diffimuler fa foibleffe ? J'ai dit quel eft l'objet de mon Ouvrage ; & l'on fent bien que pour le remplir, je n'avois befoin que d'oppofer des colombes à des vautours.

PRÉFACE.

NOTES.

(*a*) *LE Livre de Las-Cafas*]. *La découverte des Indes Occidentales*, publié en Espagne en 1542, traduit en françois, & imprimé à Paris en 1687.

(*b*) *A des agneaux*]. Christophe Colomb rendoit aux Indiens le même témoignage. « Je jure, disoit-il à Fer-
» dinand, dans une de ses lettres, je jure à Votre Ma-
» jesté qu'il n'y a pas au monde un peuple plus doux ».

(*c*) *Tous les réglemens faits pour eux*]. « Ce que je
» vous pardonne le moins, disoit Isabelle à Christophe
» Colomb, c'est d'avoir ôté, malgré mes défenses, la
» liberté à un grand nombre d'Indiens ».

Le réglement de Ximenès portoit que les Indiens seroient séparés des Espagnols; qu'on les occuperoit utilement, mais sans rigueur; qu'on en formeroit plusieurs villages; qu'on assigneroit à chaque famille un héritage qu'elle cultiveroit à son profit, en payant un tribut équitablement imposé.

Dans une assemblée de Théologiens & de Jurisconsultes, qui se tint à Burgos, le Roi Catholique, Ferdinand, déclara que les habitans du Nouveau Monde étoient libres, & qu'on devoit les traiter comme tels. « Votre Majesté, dit Las-Cafas à Charles-Quint,
» ordonna encore la même chose l'an 1523 ». Même décision en 1529, d'après une conférence & de longs débats dans le Conseil.

(*d*) *Il partit*]. Il eut peur qu'un de ses Lieutenans,

appellé Pinçon, qui s'étoit détaché de lui avec son navire, n'allât le premier en Espagne porter la nouvelle de la découverte, & s'en attribuer l'honneur.

(*e*) *Il tendit un piege au Cacique*]. Le Cacique s'appelloit Caonabo. Le navire où il étoit embarqué, & cinq autres navires prêts à mettre à la voile, furent brisés & engloutis par une horrible tempête, avant d'être sortis du port.

(*f*) *Qu'on exerçoit à cette chasse*]. « Ils leur sautoient » à la gorge avec d'horribles hurlemens, les étrangloient » d'abord, & les mettoient en pieces après les avoir » terrassés ». (Las-Casas.) Croiroit-on que les Historiens ont pris plaisir à faire un magnifique éloge de l'un de ces chiens, appellé *Bezerillo*, « lequel, pour sa » férocité & sa sagacité singuliere à distinguer un Indien » d'avec un Espagnol, avoit la même portion qu'un » soldat, non-seulement en vivres, mais en or, en » esclaves, &c. Les autres chiens n'avoient que la » demi-paie; mais ils se nourrissoient de la chair des » Indiens qu'ils égorgeoient, ou que l'on égorgeoit pour » eux. On a vu, dit Las-Casas, des Espagnols assez » inhumains pour donner à manger de petits enfans à » leurs chiens affamés. Ils prenoient ces enfans par les » deux jambes, & les mettoient en quartiers ».

(*g*) *Tout le reste fut opprimé*]. « Ceux qu'Ovando » avoit mis à la tête des Troupes, avec ordre d'ôter » pour jamais aux Indiens le pouvoir de lui causer de » l'inquiétude, les réduisirent à de si cruelles extrê- » mités, que ces malheureux s'enfonçoient de rage leurs » flèches dans le corps, les retiroient, les mordoient,

» & les mettoient en morceaux, qu'ils jettoient contre
» les Chrétiens, dont ils croyoient s'être bien vengés
» par cette insulte ». (Herrera).

(*h*) *Entre deux Couronnes exclusivement*]. On sait que François Premier demandoit à voir l'article du testament d'Adam qui avoit exclu le Roi de France du partage du Nouveau Monde.

(*i*) *La bulle*]. *Decretum & indultum Alexandri Sexti, super expeditione in Barbaros Novi Orbis, quos Indos vocant.*

(*k*) *Une formule*]. Le premier qui employa cette formule fut Alfonce Ojeda, en 1510. « Elle a servi, » dit Herrera, dans toutes les autres occasions où les » Castillans ont voulu s'ouvrir l'entrée de quelque » pays ».

(*l*) *Que les Indiens étoient nés pour être esclaves des Castillans*]. Dans la fameuse conférence de Barthelemi de Las-Casas avec l'Evêque du Darien, Dom Juan de Quévédo, l'Evêque osa déclarer que les Indiens lui avoient tous paru nés pour la servitude.

Le Docteur Sépulvéda, gagné par les Grands de la Cour, qui avoient des possessions dans l'Inde, fit un Livre où il soutenoit que les guerres des Espagnols dans le Nouveau Monde étoient non-seulement permises, mais nécessaires pour y établir la Foi, & que les Espagnols étoient fondés en droit pour subjuguer les Indiens.

Las-Casas, que l'on mit aux prises avec ce Docteur forcené, répondoit que les Indiens étoient capables de recevoir la Foi, de prendre de bonnes habitudes

& d'exercer les actes de toutes les vertus; mais qu'il falloit les y engager par la persuasion & par de bons exemples; & il proposoit pour modeles les Apôtres & les Martyrs. Mais Sépulvéda lui opposa le *compelle intrare*, le Deutéronome, où il est dit : « Quand
» vous vous présenterez pour attaquer une Place,
» vous offrirez d'abord la paix aux habitans, & s'ils
» l'acceptent, & qu'ils vous livrent les portes de
» la ville, vous ne leur ferez aucun mal, & vous
» les recevrez au nombre de vos tributaires; mais,
» s'ils prennent les armes pour se défendre, vous les
» passerez tous au fil de l'épée, sans épargner les femmes
» ni les enfans ».

(*m*) *Sur le plus modéré*]. On en vit un exemple lorsque les Moines Jéronimites furent chargés, en qualité de Commissaires, de faire exécuter le réglement de Ximenès. Ce réglement portoit que les départements, où l'on avoit distribué les Indiens, seroient abolis. Cet article, d'où dépendoit le salut des Indiens, fut sans effet; & la servitude subsista par la foiblesse & l'infidélité de ces indignes Commissaires.

(*n*) *La rage aiguisée à plaisir*]. Les cruautés que les Sauvages du Canada exercent sur leurs captifs sont réciproques, & du moins leur furie est aiguisée par la vengeance. Mais que des hommes soient pires que des tigres envers des hommes plus doux que des agneaux, c'est ce que la nature n'a jamais produit sans le concours du fanatisme; & il faut croire que les Espagnols qui passoient en Amérique, étoient une espece de monstres unique dans l'univers, ou reconnoître une caufe qui les avoit dénaturés.

(o) *Foibles d'efprit & de corps*]. « La nature vivante
» y eft (dans le Nouveau Monde) beaucoup moins
» agiffante, beaucoup moins variée, & nous pou-
» vons dire beaucoup moins forte ». (*Buffon, Hift. Nat.*)

La différence n'eft pourtant pas fenfible quant à la ftructure du corps humain. « Tous les animaux d'Amé-
» rique, même ceux qui font naturels au climat,
» font beaucoup plus petits en général que ceux de
» l'ancien continent. La nature femble s'être fervie,
» dans ce Nouveau Monde, d'une autre échelle de
» grandeur: l'homme eft le feul qu'elle ait mefuré avec
» le même module ». (*Ibid.*).

LES INCAS.

CHAPITRE PREMIER.

L'Empire du Mexique étoit détruit; celui du Pérou florissoit encore; mais, en mourant, l'un de ses Monarques l'avoit partagé entre ses deux fils. Cusco avoit son Roi, Quito avoit le sien. Le fier Huascar, Roi de Cusco, avoit été cruellement blessé d'un partage qui lui enlevoit la plus belle de ses Provinces, & ne voyoit dans Ataliba qu'un usurpateur de ses droits. Cependant un reste de vénération pour la mémoire du Roi son pere réprimoit son ressentiment; & au sein d'une paix trompeuse & peu durable, tout l'Empire alloit célébrer la grande fête du Soleil (*a*).

Le jour marqué pour cette fête, étoit celui où le Dieu des Incas, le Soleil, en s'éloignant du nord, passoit sur l'équateur, & se reposoit, disoit-on, sur les colonnes de ses temples. La joie universelle annonce l'arrivée de ce beau jour; mais c'est sur-tout dans les murs de Quito, dans ses délicieux vallons, que cette sainte joie éclate. De tous les climats de la terre, aucun ne reçoit du Soleil une si favorable & si douce influence ; aucun Peuple aussi ne lui rend un hommage plus solemnel.

Le Roi, les Incas & le Peuple, sur le vestibule du temple où son image est adorée, attendent son lever dans un religieux silence. Déja l'étoile de Vénus, que les Indiens nomment *l'astre à la brillante chevelure* (*), & qu'ils révèrent comme le favori du Soleil, donne le signal

---

(*) *Chasca*, chevelue.

du matin. A peine ses feux argentés étincellent sur l'horizon, un doux frémissement se fait entendre autour du temple. Bientôt l'azur du ciel pâlit vers l'orient; des flots de pourpre & d'or peu-à-peu s'y répandent; la pourpre à son tour se dissipe, l'or seul, comme une mer brillante, inonde les plaines du ciel. L'œil attentif des Indiens observe ces gradations, & leur émotion s'accroît à chaque nuance nouvelle. On diroit que la naissance du jour est un prodige nouveau pour eux; & leur attente est aussi timide que si elle étoit incertaine.

Soudain la lumiere à grands flots s'élance de l'horizon vers les voûtes du firmament; l'astre qui la répand s'éleve, & la cîme du Cayambur (*b*) est couronnée de ses rayons. C'est alors que le temple s'ouvre, & que l'image du Soleil, en lames d'or, placée au fond du sanctuaire, devient elle-même resplendissante à l'aspect du Dieu qui la frappe de son immortelle clarté. Tout se prosterne, tout l'adore; & le Pontife (c), au milieu des Incas & du Chœur des Vierges sacrées, entonne l'hymne solemnelle, l'hymne auguste, qu'au même instant des millions de voix répetent, & qui, de montagne en montagne, retentit des sommets de Pambamarca jusques par-delà le Potose.

Chœur des Incas.

Ame de l'univers, toi, qui du haut des cieux, ne cesses de verser au sein de la nature, dans un océan de lumiere, la chaleur, & la vie, & la fécondité ; Soleil, reçois les vœux de tes enfans & d'un Peuple heureux qui t'adore.

Le Pontife *seul*.

O Roi, dont le trône sublime brille d'un éclat immortel, avec quelle imposante majesté tu domines dans le vaste empire des airs ! Quand tu parois dans ta splendeur, & que tu agites sur ta tête ton diadême étincelant, tu es l'orgueil du ciel & l'amour de la terre. Que

Chapitre Premier.

sont-ils devenus, ces feux qui parsemoient les voiles de la nuit ? Ont-ils pu soutenir un rayon de ta gloire ? Si tu ne t'éloignois, pour leur céder la place, ils resteroient ensevelis dans l'abîme de ta lumiere ; ils seroient dans le ciel comme s'ils n'étoient pas.

Chœur des Vierges.

O délices du monde ! heureuses les épouses qui forment ta céleste cour (d) ! que ton réveil est beau ! quelle magnificence dans l'appareil de ton lever ! quel charme répand ta présence ! les compagnes de ton sommeil soulevent les rideaux de pourpre du pavillon où tu reposes, & tes premiers regards dissipent l'immense obscurité des cieux. O ! quelle dut être la joie de la nature, lorsque tu l'éclairas pour la premiere fois ! Elle s'en souvient; & jamais elle ne te revoit sans ce tressaillement qu'éprouve une fille tendre au retour d'un pere adoré, dont l'absence l'a fait languir.

Le Pontife *seul.*

Ame de l'univers ! fans toi le vaste océan n'étoit qu'une masse immobile & glacée, la terre qu'un stérile amas de sable & de limon, l'air qu'un espace ténébreux. Tu pénétras les élémens de ta chaleur vive & féconde ; l'air devint fluide & subtil, les ondes souples & mobiles, la terre fertile & vivante ; tout s'anima, tout s'embellit : ces élémens, qu'un froid repos tenoit dans l'engourdissement, firent une heureuse alliance : le feu se glisse au sein de l'onde ; l'onde, divisée en vapeurs, s'exhale & se filtre dans l'air; l'air dépose au sein de la terre les germes précieux de la fécondité ; la terre enfante & reproduit sans cesse les fruits de cet amour, sans cesse renaissant, que tes rayons ont allumé.

Chœur des Incas.

Ame de l'univers ! ô Soleil ! es-tu seul l'auteur de tous les biens que tu nous fais ?

fais ? N'es-tu que le ministre d'une cause premiere, d'une intelligence au-dessus de toi ? Si tu n'obéis qu'à ta volonté, reçois nos vœux reconnoissans ; mais si tu accomplis la loi d'un être invisible & suprême (*e*), fais passer nos vœux jusqu'à lui : il doit se plaire à être adoré dans sa plus éclatante image.

Le Peuple.

Ame de l'univers, pere de Manco, pere de nos Rois, ô Soleil, protege ton Peuple, & fais prospérer tes enfans.

NOTES.

(*a*) *La grande fête du Soleil*]. A l'équinoxe de Septembre. On appelloit cette fête *Citua Raïmi*. Voyez Garcilasso, *liv.* 2, *chap.* 22.

(*b*) *Cayambur*]. Cayamburo ou Cayamburco, montagne au nord de Quito.

(*c*) *Le Pontife*]. Le Sacerdoce résidoit dans la famille des Incas. Le Grand-Prêtre du Soleil devoit être oncle ou frere du Roi. On l'appelloit *Villuma* ou *Villacuma*, diseur d'oracles.

(d) *Qui forment ta célefte Cour*]. Il nous refte une hymne péruvienne, adreffée à une fille célefte, qui, dans la Mythologie du pays, faifoit l'office des Hyades. On va voir dans cette hymne quel étoit le tour & le caractere de la poéfie des Péruviens. « Belle fille, ton malin frere vient de caffer » ta petite urne, où étoient enfermés l'éclair, le » tonnerre & la foudre, & d'où ils fe font échappés. » Pour toi, tu ne verfes fur nous que la neige & » les douces pluies. C'eft le foin que t'a confié » celui qui gouverne l'univers ».

(e) *D'un être invifible & fuprême*]. Ce Dieu inconnu s'appelloit *Pacha-Camac*, celui qui anime le monde. Les Incas avoient laiffé fubfifter fon temple & fon culte dans la vallée de fon nom, à trois lieues de Lima, où il étoit adoré. Les Indiens ne lui offroient point de facrifices ; & la raifon qu'ils en donnoient, c'eft qu'ils ne l'avoient jamais vu.

CHAPITRE II.

LE premier des Incas, fondateur de Cusco, avoit institué, en l'honneur du Soleil, quatre fêtes qui répondoient aux quatre saisons de l'année (*a*) ; mais elles rappelloient à l'homme des objets plus intéressans, la naissance, le mariage, la paternité & la mort.

La fête qu'on célébroit alors étoit celle de la naissance ; & les cérémonies de cette fête consacroient l'autorité des loix, l'état des Citoyens, l'ordre & la sûreté publique.

D'abord il se forme autour de l'Inca vingt cercles de jeunes époux qui lui présentent, dans des corbeilles, les enfans nouvellement nés. Le Monarque leur donne le salut paternel. « Enfans,
» dit-il, votre pere commun, le fils du
» Soleil, vous salue. Puisse le don de la
» vie vous être cher jusqu'à la fin !

» puissiez-vous ne jamais pleurer le moment
» de votre naissance ! Croissez, pour m'aider
» à vous faire tout le bien qui dépend de
» moi, & à vous épargner ou adoucir les
» maux qui dépendent de la nature ».

Alors les dépositaires des loix en déployent le livre auguste. Ce livre est composé de cordons de mille couleurs (*b*); des nœuds en sont les caracteres, & ils suffisent à exprimer des loix simples comme les mœurs & les intérêts de ces Peuples. Le Pontife en fait la lecture ; le Prince & les Sujets entendent de sa bouche quels sont leurs devoirs & leurs droits.

La premiere de ces loix leur prescrit le culte. Ce n'est qu'un tribut solemnel de reconnoissance & d'amour : rien d'inhumain, rien de pénible ; des prieres, des vœux, quelques offrandes pures ; des fêtes où la piété se concilie avec la joie : tel est ce culte, la plus douce erreur, la plus excusable, sans doute, où pût s'égarer la raison.

La seconde loi s'adresse au Monarque :

elle lui fait un devoir d'être équitable comme le Soleil, qui difpenfe à tous fa lumiere ; d'étendre comme lui fon heureufe influence, & de communiquer à ce qui l'environne fa bienfaifante activité ; de voyager dans fon Empire, car la terre fleurit fous les pas d'un bon Roi ; d'être acceffible & populaire, afin que, fous fon regne, l'homme injufte ne dife pas : *que m'importent les cris du foible ?* de ne point détourner la vue à l'approche des malheureux, car s'il eft affligé d'en voir, il fe reprochera d'en faire ; & celui-là craint d'être bon, qui ne veut pas être attendri. Elle lui recommande un amour généreux, un faint refpect pour la vérité, guide & confeil de la juftice, & un mépris mêlé d'horreur pour le menfonge, complice de l'iniquité. Elle l'exhorte à conquérir, à dominer par les bienfaits, à épargner le fang des hommes, à ufer de ménagement & de patience envers les rebelles, de clémence envers les vaincus.

La même loi s'adreſſe encore à la famille des Incas : elle les oblige à donner l'exemple de l'obéiſſance & du zele, à uſer avec modeſtie des privileges de leur rang, à fuir l'orgueil & la molleſſe ; car l'homme oiſif peſe à la terre, & l'orgueilleux la fait gémir.

La troiſieme impoſoit aux Peuples le plus inviolable reſpect pour la famille du Soleil, une obéiſſance ſans borne envers celui de ſes enfans qui régnoit ſur eux en ſon nom, un dévouement religieux au bien commun de ſon empire.

Après cette loi, venoit celle qui cimentoit les nœuds du ſang & de l'hymen, & qui, ſur des peines ſéveres, aſſuroit la foi conjugale (c) & l'autorité paternelle, les deux ſupports des bonnes mœurs.

La loi du partage des terres preſcrivoit auſſi le tribut. De trois parties égales du terrein cultivé, l'une appartenoit au Soleil, l'autre à l'Inca, & l'autre au Peuple. Chaque famille avoit ſon appanage;

CHAPITRE II.

& plus elle croissoit en nombre, plus on étendoit les limites du champ qui devoit la nourrir. C'est à ces biens que se bornoient les richesses d'un Peuple heureux. Il possédoit en abondance les plus précieux des métaux; mais il les réservoit pour décorer ses temples & les palais de ses Rois. L'homme, en naissant, doté par la Patrie (d), vivoit riche de son travail, & rendoit en mourant ce qu'il avoit reçu. Si le Peuple, pour vivre dans une douce aisance, n'avoit pas assez de ses biens, ceux du Soleil y suppléoient (e). Ces biens n'étoient point engloutis par le luxe du sacerdoce; il n'en restoit dans les mains pures des saints Ministres des autels que ce qu'en exigeoient les besoins de la vie : non que la loi leur en fixât l'usage, mais leur piété modeste & simple ne voyoit rien que d'avilissant dans le faste & dans la mollesse; ils avoient mis leur dignité dans l'innocence & la vertu.

La loi du tribut n'exigeoit que le travail & l'industrie. Ce tribut se payoit d'abord à la nature : jufqu'à cinq luftres accomplis, le fils fe devoit à fon pere, & l'aidoit dans tous fes travaux. Les champs des orphelins, des veuves, des infirmes étoient cultivés par le Peuple (*f*). Au nombre des infirmités étoit comprife la vieilleffe : les peres qui avoient la douleur de furvivre à leurs enfans, ne languiffoient pas fans fecours ; la jeuneffe de leur tribu étoit pour eux une famille : la loi les confoloit du malheur de vieillir. Quand le foldat étoit fous les armes, on cultivoit pour lui fon champ ; fes enfans jouiffoient du droit des orphelins, fa femme de celui des veuves ; & s'il mouroit dans les combats, l'Etat luimême prenoit pour eux les foins d'un pere & d'un époux.

Le Peuple cultivoit d'abord le domaine du foleil, puis l'héritage de la veuve, de l'orphelin & de l'infirme ; après cela, chacun vaquoit à la culture de fon champ. Les terres de l'Inca terminoient les travaux : le Peuple s'y rendoit en foule,

CHAPITRE II. 41

& c'étoit pour lui une fête. Paré comme aux jours folemnels, il rempliſſoit l'air de ſes chants (*g*).

La tâche des travaux publics étoit diſtribuée avec une équité qui la rendoit légere. Aucun n'en étoit diſpenſé ; tous y apportoient le même zele. Les temples & les forterefſes, les ponts d'oſier qui traverſoient les fleuves, les voies publiques, qui s'étendoient du centre de l'Empire juſqu'à ſes frontieres, étoient des monumens, non pas de ſervitude, mais d'obéiſſance & d'amour. Ils ajoutoient à ce tribut celui des armes, dont on faiſoit d'effrayans amas pour la guerre : c'étoient des haches, des maſſues, des lances, des fleches, des arcs, de frêles boucliers : vaine défenſe, hélas ! contre ces foudres de l'Europe qu'ils virent bientôt éclater !

Tout, dans les mœurs, étoit réduit en loix : ces loix puniſſoient la pareſſe & l'oiſiveté (*h*) comme celles d'Athenes ; mais, en impoſant le travail, elles écartoient l'indigence ; & l'homme, forcé d'être utile, pouvoit du moins espérer d'être heureux. Elles protégeoient la pudeur, comme une chose inviolable & sainte ; la liberté, comme le droit le plus sacré de la nature ; l'innocence, l'honneur, le repos domestique, comme des dons du ciel qu'il falloit révérer.

La loi qui faisoit grace aux enfans encore dans l'âge de l'innocence, portoit sa rigueur sur les peres, & punissoit en eux le vice qu'ils avoient nourri, ou qu'ils n'avoient point étouffé. Mais jamais le crime des peres ne retomboit sur les enfans : le fils du coupable puni le remplaçoit sans honte & sans reproche ; on ne lui en retraçoit l'exemple que pour l'instruire à l'éviter.

Ce fut par-tout le caractere de la théocratie d'exagérer la rigueur des peines : mais chez un Peuple laborieux, occupé, satisfait de son égalité, sûr d'un bien-être simple & doux, sans ambition, sans envie, exempt de nos besoins fantasques

CHAPITRE II. 43

& de nos vices rafinés, ami de l'ordre, qui n'étoit que le bonheur public diftribué fur tous, attaché par reconnoiffance au gouvernement jufte & fage qui faifoit fa félicité, l'habitude des bonnes mœurs rendoit les loix comme inutiles : elles étoient préfervatives, & prefque jamais vengereffes.

On en voyoit l'exemple dans cette loi terrible, qui regardoit la violation du vœu des Vierges du Soleil. O ! comment, chez un Peuple fi modéré, fi doux, pouvoit-il exifter une loi fi cruelle ? Le fanatifme ne croit jamais venger affez le Dieu dont il eft le miniftre ; & c'étoit lui qui, chez ce Peuple, le plus humain qui fût au monde, avoit prononcé cette loi. Pour expier l'injure d'un amour facrilege, & appaifer un Dieu jaloux, non-feulement il avoit voulu que l'infidelle Prêtreffe fût enfevelie vivante (*i*), & le féducteur dévoué au fupplice le plus honteux ; il enveloppoit dans le crime la famille des criminels : peres, meres, freres & sœurs, jusqu'aux enfans à la mamelle, tout devoit périr dans les flammes; le lieu même de la naissance des deux impies devoit être à jamais désert. Aussi, quand le Pontife, en prononçant la loi, nomma le crime, & dit quelle en seroit la peine, il frissonna glacé d'horreur; son front pâlit, ses cheveux blancs se hérisserent sur sa tête, & ses regards, attachés à la terre, n'oserent de long-tems se tourner vers le ciel.

Après la lecture des loix, le Monarque levant les mains : « O Soleil, dit-il, » ô mon pere ! si je violois tes loix saintes, » cesse de m'éclairer; commande au Mi- » nistre de ta colere, au terrible *Illapa* (k), » de me réduire en poudre, & à l'oubli » de m'effacer de la mémoire des mortels. » Mais, si je suis fidele à ce dépôt sacré, » fais que mon Peuple, en m'imitant, » m'épargne la douleur de te venger moi- » même ; car le plus triste des devoirs d'un » Monarque, c'est de punir ».

Alors les Incas, les Caciques, les Juges,

les vieillards députés du Peuple, renouvellent tous la promesse de vivre & de mourir fideles au culte & aux loix du Soleil.

Les Surveillans s'avancent à leur tour : leur titre (*) annonce l'importance des fonctions dont ils sont chargés : ce sont les envoyés du Prince, qui, revêtus d'un caractere aussi inviolable que la Majesté même, vont observer dans les Provinces les dépositaires des loix, voir si le Peuple n'est point foulé ; & au foible à qui le puissant a fait injure ou violence, à l'indigent qu'on abandonne, à l'homme affligé qui gémit, ils demandent : *Quel est le sujet de ta plainte ? qui cause ta peine & tes pleurs ?* Ils s'avancent donc, & ils jurent, à la face du Soleil, d'être équitables comme lui. L'Inca les embrasse, & leur dit : « Tuteurs du Peuple, c'est à
» vous que son bonheur est confié. Soleil,
» ajoute-t-il, reçois le serment des tuteurs
» du Peuple. Punis-moi, si je cesse de

(*) *Cucui-ricoc*, ceux qui ont l'œil à tout.

» protéger en eux la droiture & la vigi-
» lance ; punis-moi, si je leur pardonne la
» foiblesse ou l'iniquité.

NOTES.

(*a*) *Aux quatre saisons de l'année*]. Quoique les saisons ne soient point marquées dans les climats du Pérou, on ne laissoit pas d'y diviser l'année par les deux solstices & les deux équinoxes : ce qui répond à nos quatre saisons.

(*b*) *Des cordons de mille couleurs*]. Ils s'appelloient *Quippos*, & ceux qui les gardoient *Quippacamaïs*, chargés des *Quippos*.

(*c*) *La foi conjugale*]. L'Inca lui seul, afin d'étendre & de perpétuer la branche royale de la famille du Soleil, pouvoit épouser plusieurs femmes.

(*d*) *Doté par la patrie*]. A chaque enfant mâle, une portion de terrein égale à celle du père ; à chaque fille, une moitié.

(*e*) *Ceux du Soleil y suppléoient*]. La laine des troupeaux du Soleil & de l'Inca étoit distribuée au peuple. Le coton se distribuoit de même dans les pays où il falloit être plus légerement vêtu.

(*f*) *Cultivés par le peuple*]. Le peuple occupé à ces travaux se nourrissoit à ses dépens.

Chapitre II.

(*g*) *Il rempliſſoit l'air de ſes chants*]. Le refrain de ces chants étoit *Hailli*, triomphe.

(*h*) *La pareſſe & l'oiſiveté*]. Chez les Péruviens ni les aveugles ni les muets n'étoient diſpenſés du travail; les enfans même, dès l'âge de cinq ans, étoient occupés à éplucher le coton, & à égréner le maïs.

(*i*) *Enſevelie vivante*]. C'eſt une choſe remarquable, que la ſuperſtition eût imaginé le même ſupplice à Rome & à Cuſco, pour punir la même foibleſſe, dans les vierges de Veſta & dans celles du Soleil.

(*k*) *Le terrible Illapa*]. Sous le nom d'*Illapa* étoient compris l'éclair, le tonnerre & la foudre. On les appelloit les exécuteurs de la juſtice du Soleil.

CHAPITRE III.

UN nouveau spectacle succede : c'est l'élite de la jeunesse, des chœurs de filles & de garçons, tous d'une beauté singuliere, tenant dans leurs mains des guirlandes, dont ils viennent orner les colonnes sacrées, en dansant à l'entour, & chantant les louanges du Soleil & de ses enfans. Leur robe, d'un tissu léger formé du duvet d'un arbuste (*) qui croît dans ces riches vallons, est égale en blancheur aux neiges des montagnes : ses plis flottans laissent à la beauté toute la gloire de ses charmes ; mais la pudeur, dans ces heureux climats, tient lieu de voile à la nature : le mystere est enfant du vice ; & ce n'est point aux yeux de l'innocence que l'innocence doit rougir.

Dans leur danse autour des colonnes,

(*) Le cotonnier.

J. M. Moreau inv. 1770.   *A. J. Duclos Sculp. 1771.*

Ses levres tremblerent en prononçant le vœu
que son cœur devoit abjurer.

Chapitre III.

ils s'entrelacent de leurs guirlandes, & cette chaîne myſtérieuſe exprime les douceurs de la ſociété, dont les loix forment les liens.

Mais déja l'ombre des colonnes s'eſt retirée vers leur baſe ; elle s'abrege encore, & va s'évanouir. Alors éclatent de nouveau les chants d'adoration & de réjouiſſance ; & l'Inca, tombant à genoux au pied de celle des colonnes où le trône d'or de ſon pere étincelle de mille feux :
« Source intariſſable de tous les biens, ô
» Soleil, dit-il, ô mon pere ! il n'eſt pas
» au pouvoir de tes enfans de te faire
» aucun don qui ne vienne de toi. L'of-
» frande même de tes bienfaits eſt inu-
» tile à ton bonheur comme à ta gloire :
» tu n'as beſoin, pour ranimer ton incor-
» ruptible lumiere, ni des vapeurs de
» nos libations, ni des parfums de nos
» ſacrifices. Les moiſſons abondantes que
» ta chaleur mûrit, les fruits que tes
» rayons colorent, les troupeaux à qui tu
» prépares les ſucs des herbes & des fleurs,

» ne font des tréfors que pour nous : les
» répandre, c'eft t'imiter : c'eft le vieil-
» lard infirme, la veuve & l'orphelin qui
» les reçoivent en ton nom ; c'eft dans
» leur fein, comme fur un autel, que
» nous devons en dépofer l'hommage. Ne
» vois donc le tribut que je vais t'offrir,
» que comme un figne folemnel de recon-
» noiffance & d'amour : pour moi, c'eft
» un engagement ; pour les malheureux,
» c'eft un titre, & le garant inviolable
» des droits qu'ils ont à mes bienfaits ».

Tout le Peuple, à ces mots, rend graces au Soleil, qui lui donne de fi bons Rois ; & le Monarque, précédé du Pontife, des Prêtres & des Vierges facrées, va dans le temple offrir au Dieu le facrifice accoutumé.

Sur le veftibule du temple, fe préfenterent aux yeux du Prince trois jeunes Vierges, nouvellement choifies, que leurs parens venoient confacrer au Soleil. Un léger tiffu de coton les déroboit aux regards des profanes. La nature, dans ces climats, n'avoit jamais rien formé de si beau. Les trois Incas, leurs peres, les menoient par la main; & leurs meres, à leur côté, tenoient le bout de la ceinture, signe & gage sacré de la chaste pudeur dont leur sagesse avoit pris soin.

Le Roi, les saluant d'un air religieux, les introduit dans le temple; le Grand-Prêtre les suit, & le temple est fermé. D'abord les trois Vierges s'inclinent devant l'image de leur époux, & au même instant le Grand-Prêtre détache le voile qui les couvre. Le voile tombe; & que d'attraits il expose à l'éclat du jour! Le Monarque se crut ravi dans la Cour du Soleil son pere; il crut voir les femmes célestes, avec qui ce Dieu bienfaisant se délasse du soin d'éclairer l'univers.

Deux de ces filles charmantes avoient la sérénité du bonheur peinte sur le visage, & leur cœur, tout plein de leur gloire, ne mêloit au doux sentiment d'une piété tendre & pure, l'amertume d'aucun regret; l'autre, & la plus belle des trois, quoiqu'avec la même candeur & la même innocence qu'elles, laiſſoit voir la mélancolie & la triſteſſe dans ſes yeux. Cora (c'étoit le nom de la jeune Indienne) avant de prononcer le vœu qui la détachoit des mortels, ſaiſit les mains de ſon pere, & les baiſant avec ardeur, ne laiſſa échapper d'abord qu'un timide & profond ſoupir ; mais bientôt, relevant ſes beaux yeux ſur ſa mere, elle ſe jette dans ſes bras, elle inonde ſon ſein de larmes, & s'écrie douloureuſement : Ah ! ma mere ! Ses parens, aveuglés par une piété cruelle, ne virent dans l'émotion & dans les regrets de leur fille que l'attendriſſement de ſes derniers adieux, & le combat d'un cœur qui ſe détache de tout ce qu'il a de plus cher ; elle-même n'attribua qu'à la force des nœuds du ſang & au pouvoir de la nature la douleur qu'elle reſſentoit. « O le plus tendre » & le meilleur des peres ! ô mere mille » fois plus chere que la vie ! il faut vous » quitter pour jamais » ! Elle ne croyoit pas fentir d'autres regrets : le Prêtre y fut trompé comme elle ; & il lui laiſſa conſommer ſon téméraire & cruel dévouement.

Cependant, lorſqu'on fit entendre à ces trois jeunes Vierges la loi qui attachoit des peines ſi terribles à l'infraction de leur vœu, les deux compagnes de Cora l'écouterent ſans trouble & preſque ſans émotion ; elle ſeule, par un inſtinct qui lui préſageoit ſon malheur, ſentit ſon cœur ſaiſi d'effroi : on vit ſes couleurs s'effacer, ſes yeux ſe couvrir d'un nuage, les roſes même de ſa bouche pâlir, ſe faner & s'éteindre ; & ſes levres tremblerent en prononçant le vœu que ſon cœur devoit abjurer. Ce preſſentiment n'éclaira ni ſes parens, ni le Pontife. On ſoutint ſa foibleſſe, on appaiſa ſon trouble, on l'enivra de la gloire d'avoir un Dieu pour époux ; & Cora ſuivit ſes compagnes dans l'inviolable aſyle des épouſes du Soleil.

Alors le temple fut ouvert ; & les Incas, Miniſtres des autels, commencerent le ſacrifice.

Ce sacrifice est innocent & pur. Ce n'est plus ce culte féroce, qui arrosoit de sang humain les forêts de ces bords sauvages, lorsqu'une mere déchiroit elle-même les entrailles de ses enfans sur l'autel du lion, du tigre ou du vautour. L'offrande agréable au Soleil, ce sont les prémices des fruits, des moissons & des animaux, que la nature a destinés à servir d'alimens à l'homme. Une foible partie de cette offrande est consumée sur l'autel; le reste est réservé au festin solemnel que le Soleil donne à son Peuple.

Sous un portique de feuillages dont le temple est environné, le Roi, les Incas, les Caciques se distribuent parmi la foule, pour présider aux tables où le Peuple est assis. La premiere est celle des veuves, des orphelins & des vieillards; l'Inca l'honore de sa présence, comme pere des malheureux (*). Tito Zoraï, son fils aîné,

___

(*) L'un de ses titres étoit *Huaccha-cuyac*, ami des pauvres.

CHAPITRE III.

y est assis à sa droite. Ce jeune Prince, dont la beauté annonce une origine céleste, a rempli son troisieme lustre : il est dans l'âge où se fait l'épreuve du courage & de la vertu (*). Son pere, qui en fait ses délices, s'applaudit de le voir croître & s'élever sous ses yeux : jeune encore lui-même, il espere laisser un sage sur le trône. Hélas ! son espérance est vaine ; les pleurs de son vertueux fils n'arroseront point son tombeau.

(*) C'étoit l'âge de seize ans.

CHAPITRE IV.

AU festin succedent les jeux. C'est-là que les jeunes Incas, destinés à donner l'exemple du courage & de la constance, s'exercent dans l'art des combats.

Ils commencent, au son des conques, par la fleche & le javelot ; & le vainqueur, dès qu'il est proclamé, voit le héros qui lui a donné le jour s'avancer vers lui plein de joie, & lui tendre les bras, en lui disant : « Mon fils, tu me » rappelles ma jeunesse, & tu honores » mes vieux ans ».

Vient ensuite la lutte ; & c'est-là que l'on voit tout ce que l'habitude peut donner de ressort & d'énergie à la nature : c'est-là qu'on voit des combattans agiles & robustes s'élancer, se saisir, se presser tour-à-tour ; plier, se raffermir, & redoubler d'efforts pour s'enlever ou pour s'abattre ; s'échapper, pour reprendre haleine; revoler au combat, fe ferrer de nouveau des nœuds de leurs bras vigoureux; tour-à-tour immobiles, tour-à-tour chancelans, tomber, fe rouler, fe débattre, & arrofer l'herbe flétrie des ruiffeaux de fueur dont ils font inondés.

Le combat, long-tems incertain, fait flotter l'ame de leurs parens entre la crainte & l'efpérance. La victoire enfin fe déclare; mais les vieillards, en décernant le prix du combat aux vainqueurs, ne dédaignent pas de donner aux vaincus quelques louanges confolantes : car ils favent que la louange eft, dans les ames généreufes, le germe & l'aliment de l'émulation.

Dans le nombre de ceux à qui leur adverfaire avoit fait plier le genoux, étoit le fils même du Roi & fon fucceffeur à l'Empire, le fenfible & fier Zoraï. Aucun des prix n'a honoré fes mains ; il en verfe des larmes de dépit & de honte. L'un des vieillards s'en apperçoit, & lui dit, pour le confoler : « Prince, le Soleil

» notre pere eſt juſte ; il donne la force
» & l'adreſſe à ceux qui doivent obéir,
» l'intelligence & la ſageſſe à celui qui
» doit commander ». Le Monarque entendit ces paroles. « Vieillard, dit-il,
» laiſſe mon fils s'affliger & rougir de ſe
» trouver plus foible & moins adroit que
» ſes rivaux. Le crois-tu fait pour languir
» ſur le trône, & pour vieillir dans le
» repos » ?

Le jeune Prince, à cette voix, jeta un coup-d'œil de reproche ſur le vieillard qui l'avoit flatté, & ſe précipita aux genoux de ſon pere, qui le ſerrant tendrement dans ſes bras, lui dit : « Mon fils,
» la plus juſte & la plus impérieuſe des
» loix, c'eſt l'exemple. Vous ne ſerez
» jamais ſervi avec plus de zele & d'ardeur
» que lorſque, pour vous obéir, on n'aura
» qu'à vous imiter ».

Après qu'on eut laiſſé reſpirer les lutteurs, on vit cette illuſtre jeuneſſe ſe diſpoſer au combat de la courſe. C'eſt leur épreuve la plus pénible. La lice eſt de

CHAPITRE IV. 59

cinq mille pas. Le terme eſt un voile de pourpre que le vainqueur doit enlever. Dans l'intervalle de la barriere au terme, le Peuple, rangé en deux lignes, appelle des yeux les combattans. Le ſignal eſt donné ; ils partent tous enſemble ; & des deux côtés de la lice, on voit les peres & les meres animer leurs enfans du geſte & de la voix. Aucun ne donne à ſes parens la douleur de le voir ſuccomber dans ſa courſe ; ils rempliſſent tous leur carriere, & preſque tous en même temps.

Zoraï avoit devancé le plus grand nombre de ſes rivaux. Un ſeul, le même qui l'avoit vaincu au combat de la lutte, avoit ſur lui quelqu'avantage, & n'étoit qu'à cent pas du terme. « Non, s'écria le » Prince, tu n'auras pas la gloire de me » vaincre une ſeconde fois ». Auſſi-tôt, ranimant ſes forces, il s'élance, le paſſe, & lui enleve le prix.

Ceux qui l'ont ſuivi de plus près ont quelque part à ſon triomphe. De ce nombre étoient les vainqueurs aux exercices de la lutte, de la fleche & du javelot. Zoraï s'avance à leur tête, tenant en main la lance où flotte fufpendu le trophée de fa victoire, & avec eux il fe préfente devant le cercle des vieillards. Ceux-ci les jugent, & les proclament dignes du nom d'*Incas* (*), de vrais fils du Soleil.

Alors leurs meres & leurs fœurs viennent, d'un air tendre & modefte, attacher à leurs pieds agiles, au lieu de la treffe d'écorce(**)qui fait les fandales du Peuple, une natte de laine plus légere & plus douce, dont elles ont fait le tiffu.

Ils vont, de-là, conduits par les vieillards, fe profterner devant le Roi, qui, du haut de fon trône d'or, environné de fa famille, les reçoit avec la majefté d'un Dieu & la tendre bonté d'un pere. Son fils, en qualité de vainqueur dans le plus pénible des jeux, tombe le premier à fes

---

(*) Auparavant on les appelloit *Auqui*, *infans*, comme le traduit Garcilaffo.

(**) D'un arbre appellé *Manguey*. Ce détail eft pris de l'Hiftoire.

pieds. Le Monarque s'efforce de ne montrer pour lui ni préférence, ni foiblesse: mais la nature le trahit; & en lui attachant le bandeau des Incas, ses mains tremblent, son cœur s'émeut & s'attendrit; il laisse échapper quelques larmes; le front du jeune Prince en est arrosé; il les sent, il en est saisi, & de ses mains il presse les genoux paternels. Ces larmes d'amour & de joie sont la seule distinction que l'héritier du trône obtient sur ses émules. L'Inca leur donne de sa main la marque la plus glorieuse de noblesse & de dignité : il leur perce l'oreille, & y suspend un anneau d'or : faveur réservée à leur race, mais que n'obtient jamais celui qui trahit sa naissance, & qui n'en a pas les vertus.

Enfin le Roi prend la parole, & s'adressant aux nouveaux Incas : « Le plus
» sage des Rois, leur dit-il, Manco,
» votre aïeul & le mien, fut aussi le plus
» vigilant, le plus courageux des mortels.
» Quand le Soleil, son pere, l'envoya

« fonder cet Empire, il lui dit : Prends-moi
» pour exemple : je me leve, & ce n'est
» pas pour moi; je répands ma lumiere,
» & ce n'est pas pour moi ; je remplis ma
» vaste carriere, je la marque par mes
» bienfaits, l'univers en jouit, & je ne
» me réserve que la douceur de l'en voir
» jouir : va, sois heureux, si tu peux
» l'être; mais songe à faire des heureux.
» Incas, fils du Soleil, voilà votre leçon.
» Quand il plaira à votre pere, que
» vous soyez heureux sans fatigue &
» sans trouble, il vous rappellera vers
» lui. Jusques-là, sachez que la vie est
» une course laborieuse, que vos ver-
» tus doivent rendre utile, non pas à vous,
» mais à ce monde où vous passez. Le lâche
» s'endort sur la route ; il faut que la
» mort, par pitié, lui vienne abréger son
» travail. L'homme courageux supporte
» le sien, & d'un pas sûr & libre il arrive
» au terme où la mort, la mere du repos,
» l'attend.

» O toi, mon fils, dit-il au Prince,

» tu vois cet aftre qui va finir fon cours:
» que de biens, depuis fon aurore, n'a-
» t-il pas faits à la nature ! Ce qui lui
» reffemble le plus fur la terre, c'eft un
» bon Roi ».

A ces mots, il fe leve, & marche, accompagné de fa famille & de fon Peuple, pour aller avec le Pontife, fur le veftibule du temple, obferver le front du Soleil, à fon couchant, & en recueillir les oracles.

CHAPITRE V.

LE Peuple & la Cour elle-même se tiennent en silence au-delà du parvis. Le Roi seul monte les degrés du vestibule où l'attend le Grand-Prêtre, qui ne doit révéler qu'à lui les secrets du sombre avenir (*).

Le Ciel étoit serein, l'air calme & sans vapeurs; & l'on eût pris dans ce moment l'horison du couchant pour celui de l'aurore. Mais bientôt, du sein de la mer Pacifique, s'éleve au-dessus de Palmar (**), un nuage pareil à des vagues sanglantes, présage épouvantable dans ce jour solemnel. Le Grand-Prêtre en frémit; cependant il espere qu'avant le coucher du Soleil ces vapeurs vont se dissiper.

(*) Il ne lui étoit pas permis de divulguer ce qu'il savoit de science divine. (Garcil.).

(**) Promontoire, sous l'équateur.

Elle

CHAPITRE V.

Elles redoublent, elles s'entaffent comme les fommets des montagnes, & en s'élevant, elles femblent défier le Dieu qui s'avance, de rompre la vafte barriere qu'elles oppofent à fon cours. Il defcend avec majefté, & des rayons qui l'environnent, perçant de tous côtés ces flots de pourpre, il les entr'ouvre; mais foudain l'abîme eft comblé. Vingt fois il écarte les vagues, qui vingt fois retombent fur lui. Submergé, renaiffant, il épuife les traits de fa défaillante lumiere, & laffé du combat, il refte enfeveli comme dans une mer de fang.

Un figne encore plus terrible fe manifefte dans le ciel : c'eft un de ces aftres que l'on croyoit errans, avant que l'œil perçant de l'Aftronomie eût démêlé leur route dans l'immenfité de l'efpace. Une comete, femblable à un dragon qui vomit des feux, & dont la brûlante criniere fe hériffe autour de fa tête, paroît venir de l'orient, & voler après le Soleil. Ce n'eft dans le célefte azur qu'une étincelle

aux yeux du Peuple ; mais le Grand-Prêtre, plus attentif, y croit diftinguer tous les traits de ce monftre prodigieux: il lui voit respirer la flamme ; il lui voit secouer ses ailes embrâsées ; il voit sa brûlante prunelle suivre, du haut des cieux, la trace du Soleil, dans l'ardeur de l'atteindre & de le dévorer. Mais, diffimulant la terreur dont ce prodige le pénetre : « Prince, dit-il au Roi, fuivez-
» moi dans le temple » ; & là, recueilli en lui-même, après avoir été quelque temps immobile & en filence devant l'Inca, il lui parle en ces mots :

« Digne fils du Dieu que je fers, fi
» l'avenir étoit inévitable, ce Dieu bien-
» faifant nous épargneroit la douleur de
» le prévoir ; & fans nous affliger d'avance
» du preffentiment de nos maux, il laif-
» feroit à l'esprit humain son aveuglement
» falutaire, & au temps son obscurité.
» Puifqu'il daigne nous éclairer, ce n'eft
» pas inutilement ; & les malheurs qu'il
» nous annonce, peuvent encore fe

CHAPITRE V. 67

» détourner. Ne vous effrayez point de
» ceux qui vous menacent. Ils sont affreux,
» s'il en faut croire les signes que je viens
» d'observer dans le ciel. Ces signes ne
» s'accordent pas : l'un me dit que c'est
» du couchant que doit venir une guerre
» sanglante; l'autre m'annonce un ennemi
» terrible, qui fond sur nous de l'orient ;
» mais l'un & l'autre est un avis de ce
» Dieu qui veille sur nous. Prince, armez-
» vous donc de constance. Etre innocent
» & courageux, ne pas mériter son mal-
» heur, & le souffrir ; voilà la tâche que
» la nature impose à l'homme : le reste est
» au-dessus de nous ».

Le Prêtre, consterné, n'en dit pas davantage ; & le Monarque, renfermant la tristesse au fond de son cœur, sortit du temple, & se montra au Peuple avec un front calme & serein. « Notre Dieu,
» lui dit-il, sera toujours le même : il veille
» au sort de son Empire, & il protege ses
» enfans ».

Alors on lui vint annoncer que des

infortunés, chassés de leur patrie, lui demandoient l'hospitalité. « Qu'ils pa-
» roissent, répond l'Inca : jamais les
» malheureux ne trouveront mon cœur
» inaccessible, ni mon palais fermé pour
» eux ».

Les étrangers s'avancent : c'est le triste débris de la famille de Montezume, fuyant le joug des Espagnols, & qui, de rivage en rivage, cherche un refuge impénétrable aux poursuites de ses tyrans.

Un jeune Cacique se présente à la tête de ces illustres fugitifs. A sa démarche, à sa noble assurance, on reconnoît en lui, tout suppliant qu'il est, l'habitude de commander. Un chagrin profond & cruel paroît empreint sur son visage; mais sa beauté, quoique ternie, est touchante dans sa langueur ; en intéressant, elle étonne ; & l'altération de ses traits annonce moins l'abattement, que la souffrance d'une ame fiere & indignée de son malheur.

L'Inca lui dit : « Jeune étranger,

Chapitre V.

» apprenez-moi qui vous êtes, d'où vous
» venez, & quel coup du fort vous fait
» chercher un afyle en ces lieux » ?

« Inca, lui répond Orozimbo (c'étoit
» le nom du Mexicain), tu vois en nous
» les déplorables reftes d'un Empire, au
» moins auffi vafte, auffi floriffant que le
» tien. Cet Empire eft détruit. Le fort ne
» nous laiffoit que la fuite ou que l'efcla-
» vage; nous avons préféré la fuite. Deux
» hivers nous ont vus errans fur les mon-
» tagnes. Las de vivre dans les forêts &
» parmi les bêtes féroces, nous avons pris
» la réfolution d'aller chercher des hommes
» moins malheureux que nous, & moins
» cruels que nos tyrans. Il y a trois mois
» qu'à la merci des flots, nous parcourons,
» à travers mille écueils, les détours d'un
» rivage immenfe. Les maux que nous
» avons foufferts nous auroient accablés ;
» le bruit de tes vertus a foutenu notre
» efpérance. On te dit jufte & bienfaifant,
» nous venons éprouver fi la renommée
» en impofe. Après toi, notre unique

» reffource, celle qui, dans le malheur,
» ne manque jamais qu'à des lâches, c'eſt
» le courage de mourir ».

« Etrangers, reprit le Monarque, vous
» n'aurez pas envain mis votre confiance
» en moi. Venez dans mon palais vous
» repoſer, & réparer vos forces. Je ſuis
» impatient d'entendre le récit de votre
» infortune; mais je deſire encore plus
» de vous la faire oublier ».

Le Cacique & ſes Compagnons, conduits au palais de l'Inca, y ſont ſervis avec reſpect; mais il défend qu'on étale à leurs yeux une vaine magnificence : car l'oſtentation de la proſpérité eſt une inſulte pour les malheureux. Un bain pur, des vêtemens frais, une table abondante & ſimple, des aſyles pour le ſommeil, où regne un tranquille ſilence, ſont les premiers ſecours de l'hoſpitalité qu'exerce envers eux ce Monarque.

Le lendemain il les reçoit au milieu de ſa famille, vertueuſe & paiſible Cour; il les fait aſſeoir autour de ſon trône, &

parlant au jeune Orozimbo avec tous les ménagemens que l'on doit aux infortunés, il l'invite à soulager son cœur du poids accablant de ses peines, en lui racontant ses malheurs.

« Le souvenir en est cruel, dit le Ca-
» cique Mexicain, avec un triste & pro-
» fond soupir ; mais je te dois l'effort d'en
» retracer l'affreuse image. Ecoute-moi,
» généreux Prince ; & puisse l'exemple
» de ma patrie t'apprendre à garantir ces
» bords du fléau qui l'a ravagée »! A ces mots, le silence regne dans l'assemblée des Incas ; & le Cacique reprend ainsi.

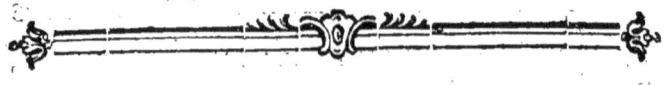

CHAPITRE VI.

ENFANS du Soleil, vous savez la route qu'il suit tous les ans. Il est à présent sur vos têtes; il y a trois lunes qu'il se levoit de même sur le pays où je suis né. Ce pays s'appelle Mexique. Il avoit pour Roi Montezume, dont nous sommes les neveux. Montezume avoit des vertus, un cœur droit, généreux, fidele. Mais trop souvent, du sein de la prospérité naissent l'orgueil & l'indolence. Après avoir oublié qu'il étoit homme, il oublia qu'il étoit roi. Sa dureté superbe éloigna ses amis; sa foiblesse & son imprudence le livrerent aux mains d'un ennemi perfide, & causerent tous ses malheurs.

Vingt Caciques, tous possesseurs d'autant de fertiles Provinces, étoient réunis sous ses loix. Trop puissant & trop absolu, il abusa de sa fortune; ou plutôt ses flatteurs, dont il avoit fait ſes Miniſtres, en abuſerent en ſon nom; & de ſes Provinces foulées, les unes, ſecouant le joug, avoient repris leur liberté; d'autres, plus foibles ou plus timides, gémiſſoient en ſilence, &, pour ſe déclarer rebelles, attendoient qu'il fût malheureux; lorſqu'on apprit que vers l'aurore, dans une enceinte où le rivage ſe courbe & embraſſe la mer (*), une race d'hommes qu'on prenoit pour des Dieux, étoient venus de l'orient ſur des châteaux aîlés, d'où partoient l'éclair & la foudre; que de ces forterreſſes flottantes ſur les eaux, dès qu'elles touchoient le rivage, on voyoit s'élancer des animaux terribles, qui portoient ſur leurs dos ces hommes immortels. Mille autres témoins aſſuroient que le quadrupede & l'homme n'étoient qu'un; que ſes pas rapides devançoient les vents; que ſes regards lançoient la mort, & une mort inévitable; que ſes deux

_____

(*) Le golfe du Mexique.

têtes, d'homme & de bête farouche, dévoroient tout ce que le feu de ses regards avoit épargné ; & que la pointe de nos fleches s'émoussoit sur la dure écaille dont tout son corps étoit couvert.

Ces bruits répandoient l'épouvante. Un cri d'alarme universel retentit jusqu'à Mexico (c'étoit le siege de l'Empire). Montezume en parut troublé ; mais la même foiblesse qui lui faisoit tout craindre, lui fit d'abord tout négliger.

Il sut que ces brigands avides se laissoient appaiser par de riches offrandes ; il espéra les adoucir. Il députa vers eux deux hommes honorés parmi nous, Pilpatoé & Teutilé, l'un blanchi dans les camps, l'autre dans les Conseils. Douze Caciques (j'étois du nombre) accompagnoient cette ambassade ; deux cens Indiens nous suivoient, chargés de riches présens ; vingt captifs, choisis parmi ceux que l'on engraissoit dans nos temples pour être immolés à nos Dieux, terminoient ce nombreux cortege.

CHAPITRE VI. 75

Nous arrivons au camp des Espagnols (car c'est ainsi que ces brigands se nomment) ; & quel est notre étonnement, en voyant que cinq cens hommes épouvantoient des Nations ! Oui, je l'avoue à notre honte, ils n'étoient que cinq cens ; ce n'étoient que des hommes ; & des millions d'hommes trembloient.

Nous parûmes devant leur chef.... Ah! le perfide! sous quel air majestueux & tranquille il sut déguiser sa noirceur!

Pilpatoé, en l'abordant, le salue & lui parle ainsi : « Le Monarque du
» Mexique, le puissant Montezume, nous
» envoie te saluer, & savoir de toi qui
» tu es, d'où tu viens, & ce que tu veux.
» Si tu es un Dieu propice & bienfaisant,
» voilà des parfums & de l'or. Si tu es un
» Dieu méchant & sanguinaire, voilà des
» victimes. Si tu es un homme, voilà
» des fruits pour te nourrir, des vête-
» mens pour ton usage, & des plumes
» pour te parer ».

» Non, nous ne sommes point des

» Dieux, nous répondit Cortès (car tel
» étoit fon nom); mais, par une faveur
» du ciel qui difpenfe à fon gré la force,
» l'intelligence & le courage, nous avons
» fur les Indiens des avantages & des
» droits que vous reconnoîtrez vous-
» mêmes. Je reçois vos préfens, je retiens
» vos captifs, pour m'obéir & me fervir,
» non pour être offerts en victimes : car
» mon Dieu eft un Dieu de paix, qui ne
» fe nourrit point de fang. Vous voyez
» l'autel que nos mains lui ont élevé;
» foyez témoin du culte que nous allons
» lui rendre. Pour la premiere fois il def-
» cend fur ces bords ».

L'autel étoit fimple & ruftique ; un feuillage, en forme de temple, l'environ‑
noit de fon ombre ; un vafe d'or en fai‑
foit l'ornement ; un pain léger, d'une extrême blancheur, & quelques goutes d'une liqueur que nous primes d'abord pour du fang, mais qui n'eft que le jus d'un fruit délicieux, étoient l'offrande du facrifice. Ce culte n'avoit à nos yeux

rien d'effrayant, rien de terrible; te l'avouerai-je cependant ? soit par la force de l'exemple, soit par le charme des paroles que proféroit le Sacrificateur, & par l'ascendant invincible que leur Dieu prenoit sur nos Dieux, le respect de ces étrangers, prosternés devant leur autel, nous frappa, nous saisit de crainte.

Après le sacrifice, on nous fit avancer sous les pavillons de Cortès. Il nous reçut avec cet air d'assurance & d'autorité d'un maître absolu qui commande. « Mexi-
» cains, nous dit-il, le vrai Dieu, le
» Dieu que j'adore, le seul que l'on doit
» adorer, puisqu'il a créé l'univers, qu'il
» le gouverne & le soutient, vient de
» descendre sur ces bords; & il commande
» à vos idoles de s'anéantir devant lui.
» C'est lui qui nous envoie pour abolir leur
» culte, & pour vous enseigner le sien.
» Renversez vos autels sanglans, rasez
» vos temples abominables, & cessez d'ou-
» trager le ciel par des offrandes qu'il ab-
» horre; ou voyez en nous ses vengeurs ».

Pilpatoé lui répondit que, si le Dieu qu'il nous annonçoit étoit le Dieu de la nature entiere, il avoit l'empire des cœurs comme celui des élémens; qu'il n'avoit tenu qu'à lui d'être plutôt connu & adoré dans ces contrées; qu'il étoit bien sûr qu'à sa voix le monde se prosterneroit; que c'étoit le supposer foible que de s'armer pour sa défense; que celui qui n'a qu'à vouloir, n'avoit pas besoin de secours; & que c'étoit en faire un homme & s'ériger soi-même en Dieu, que de s'établir son vengeur. Il ajouta que si ces étrangers, plus éclairés, plus sages & plus heureux que nous, venoient, par la seule puissance de l'exemple & de la raison, nous détromper & nous instruire, nous croirions qu'en effet un Dieu se servoit de leur entremise; mais que la menace & la violence étoient les armes du mensonge, indignes de la vérité.

Cortès, étonné, repliqua que les desseins de son Dieu étoient impénétrables; qu'il n'en devoit pas compte aux hommes;

qu'il commandoit, & que c'étoit à nous d'adorer & d'obéir. Il nous assura cependant qu'il n'emploieroit jamais la force qu'à l'appui de la vérité. Il ne doutoit pas, disoit-il, que Montezume & tous les Sages de ses Conseils & de sa Cour ne reconnussent aisément combien monstrueux & barbare étoit le culte des idoles qu'on arrosoit de sang humain ; mais le Peuple, endurci, aveuglé par ses Prêtres, & accoutumé dès l'enfance à trembler devant ses faux Dieux, avoit besoin qu'on le forçât, par une heureuse violence, à laisser tomber le bandeau de l'ignorance & de l'erreur.

Alors on servit un festin. Cortès nous admit à sa table. Il nous vit regarder avec inquiétude les viandes qu'on nous présentoit ; car nous savions qu'on avoit égorgé un grand nombre de nos amis. Il pénétra notre pensée, & nous lui en fimes l'aveu. « Non, dit-il, cet usage
» impie est en horreur parmi nous ; & ni la
» faim la plus cruelle, ni la plus dévorante

» soif ne vaincroient notre répugnance
» pour la chair & le fang humain »....
Quelle répugnance, grands Dieux! Ils
ne dévorent pas les hommes; mais les en
égorgent-ils moins? Et qu'importe lequel
des deux, du vautour ou du meurtrier,
aura bu le fang innocent?

Au fortir du feftin, nous eûmes le
fpectacle de leurs exercices guerriers. Les
cruels! On voit bien qu'ils font nés pour
détruire. Quel art profond ils en ont fait!
Ils s'élancerent, à nos yeux, fur ces animaux redoutables, que, d'une main, ils
favent gouverner, tandis que l'autre fait
voler autour d'eux un glaive étincelant &
rapide comme l'éclair. Imaginez, s'il eft
poffible, l'avantage prodigieux que leur
donne fur nous la fougue, la vîteffe, la
force de ces animaux, fiers efclaves de
l'homme, & qui combattent fous lui!

Mais cet avantage étonnant l'eft moins
que celui de leurs armes : puiffes-tu ne
jamais connoître l'ufage qu'il ont fait du
feu, & d'un métal dur & tranchant, qu'ils
méprifent,

méprisent, les insensés! & auquel ils préferent l'or, inutile à notre défense. Puisses-tu ne jamais entendre cette foudroyante machine, dont on fit l'essai devant nous. Le tonnerre du ciel n'est pas plus effrayant, lorsqu'il roule sur les nuages. Inca, c'est le génie de la destruction qui leur a fait ce don fatal. Et ce ne seroit encore rien, sans l'intelligence & l'accord de leurs mouvemens imprévus, pour l'attaque & pour la défense. Cet art de marcher sans se rompre, de se déployer à propos, de se rallier au besoin, cet art, changé en habitude, est ce qui les rend invincibles. Nous défions la mort ; nous la bravons comme eux ; nous ne savons pas la donner..... A ces mots le jeune Cacique, laissant tomber sa tête sur ses genoux, & de ses mains cachant ses larmes : Pardonne, dit-il à l'Inca, une rage, hélas! impuissante. Il est des maux contre lesquels jamais le cœur ne s'endurcit.

Avant de nous congédier, Cortès, en

échange de l'or, des perles, des tissus qu'on lui avoit offerts, nous fit quelques présens futiles, mais que leur nouveauté nous rendit précieux.

« Je ne vous ai parlé, jusqu'à présent,
» ajouta-t-il, qu'au nom du Dieu qui
» m'a choisi pour renverser vos idoles,
» & pour lui élever des temples sur les
» débris de leurs autels; mais vous voyez
» encore en moi le Ministre d'un Roi
» puissant, d'un Roi qui, vers les bords
» d'où le soleil se leve, regne sur des
» Etats plus vastes, plus riches & plus
» florissans que l'Empire de Montezume.
» Il veut bien cependant l'avoir pour
» allié. Dites à Montezume que je viens
» à sa Cour pour lui offrir cette alliance,
» & que Charles d'Autriche, Monarque
» d'Orient, ne doute pas qu'on ne lui rende,
» dans la personne de son Ministre, tout
» ce qu'on doit à la majesté & à l'amitié
» d'un grand Roi ».

Pilpatoé lui répondit encore, que si son Maître étoit si riche & si puissant,

CHAPITRE VI.

on s'étonnoit qu'il envoyât chercher si loin des alliés & des amis ; que Montezume seroit sans doute honoré de cette ambassade ; mais qu'il falloit du moins attendre son aveu, pour pénétrer dans ses Etats.

« Exposez-lui, nous dit Cortès, que,
» pour le voir, j'ai traversé les mers ; que
» l'honneur de mon Roi exige qu'il m'en-
» tende ; que, sans lui faire injure, il ne
» peut refuser de me recevoir dans sa
» Cour ; & que je serois trop indigne de
» ce titre d'Ambassadeur, dont je suis re-
» vêtu, si je m'en retournois chargé de
» ses mépris, sans en avoir tiré ven-
» geance ».

CHAPITRE VII.

La réponse de Montezume ne se fit pas long-temps attendre. Il crut, par de nouveaux présens, adoucir le refus qu'il faisoit à Cortès de le laisser pénétrer plus avant. Mais Cortès reçut les présens, & persista dans sa demande.

Il avoit su quelle étoit la haine des Caciques pour Montezume; il leur avoit promis d'abaisser son orgueil, d'assurer leur indépendance; & déja reçu en ami dans le palais de Zampola (*), nous le trouvâmes environné d'une foule de Rois, tous vassaux de l'Empire, dont il avoit formé sa Cour.

« Vous voyez, lui dit Teutilé, avec
» quelle magnificence Montezume répond
» à l'amitié d'un Roi qui veut bien recher-
» cher la sienne. Mais les mœurs, les

(*) Zampoala.

CHAPITRE VII.

» usages, les loix de son Empire ne lui
» permettent rien de plus; & à moins
» de vous déclarer ses ennemis, vous ne
» pouvez tarder à quitter ce rivage ».

Cortès, à ces mots, regardant les Caciques ses alliés avec un air riant & fier, sembla vouloir les rassurer; & puis, composant son visage : « Rendez-vous,
» nous dit-il, demain, au port où mes
» vaisseaux m'attendent; vous y appren-
» drez ma résolution ».

A l'instant quelques-uns des siens, la frayeur peinte dans les yeux, vinrent lui parler en secret. Il écoute, & soudain, avec emportement, il nous ordonne de le suivre.

Il marche au temple, où l'on menoit de jeunes captifs, destinés à être immolés à nos Dieux; car c'étoit l'une de nos fêtes. Il arrive, au moment qu'on livroit les victimes aux mains du Sacrificateur. « Arrêtez, dit-il, arrêtez, hommes stu-
» pides & féroces. Vous offensez le ciel
» en croyant l'honorer ». A ces mots,

s'élançant lui-même entre le Prêtre & les victimes, il commande qu'on les dégage, & qu'on les garde auprès de lui.

Tout le Peuple étoit assemblé ; les Prêtres, indignés, crioient au sacrilege, & demandoient vengeance pour leurs Dieux outragés ; un murmure confus, élevé dans la foule, annonçoit un soulévement ; Cortès n'attend pas qu'il éclate. Accompagné de quelques-uns des siens, il monte, & force le Cacique à monter les degrés du temple ; & là, saisissant d'une main ce Prince interdit & tremblant, & de l'autre levant sur lui son glaive prêt à le percer : « Bas les armes ! » dit-il au Peuple, d'une voix forte & menaçante, ou je frappe, & je vais commander à l'instant qu'on égorge tout » sans pitié ».

Le fer levé sur le Cacique, la voix de Cortès, sa menace, son étonnante résolution glacent tous les esprits ; & la rumeur est étouffée. Comment ne pas craindre celui qui brave impunément les

Dieux? A son courage, à sa fierté, il paroissoit un Dieu lui-même. Il se fait amener les Sacrificateurs, qui s'étoient retirés à l'ombre des autels. « Hé bien ! » dit-il, est-ce ainsi que vos Dieux vous » défendent, vous & leur temple ? Qui » les retient ? qui les enchaîne ? Je ne » suis qu'un mortel ; que ne m'écrasent-» ils, puisque j'ose les insulter ? Allez, » vos Dieux sont impuissans ; ils ne sont » rien que les fantômes du délire & de » la frayeur. Des Dieux avides de car-» nage, & nourris de chair & de sang ! » Pouvez-vous bien y croire ? Et si vous » y croyez, pouvez-vous adorer les plus » méchans des êtres ? Abjurez ce culte » exécrable, & renoncez, pour le vrai » Dieu, à ces idoles monstrueuses, que » vous nous allez voir briser ».

Il dit, & profitant de la terreur profonde dont tout le Peuple étoit frappé, il commande à sa troupe de renverser nos Dieux du haut de leurs autels, & de les rouler hors du temple.

A ce comblé d'impiété, nous efpérions tous que le temple s'écrouleroit fur les profanateurs. Le temple refta immobile; & nos Dieux, renverfés, roulés dans la pouffiere, fe laifferent fouler aux pieds.

L'étranger, alors, reprenant une férénité tranquille : « Peuple, dit-il, voilà
» vos Dieux. C'eft à ces fimulacres vains
» que vous avez facrifié des millions de
» vos femblables. Ouvrez les yeux, &
» frémiffez ». Enfuite il fit venir les jeunes Indiens, arrachés de la main des Prêtres. « Mes enfans, leur dit-il, vivez; donnez
» la vie à d'autres hommes; rendez-la
» douce, tranquille, heureufe à ceux dont
» vous l'avez reçue; & gardez-en le facri-
» fice pour le moment où votre Prince,
» votre patrie & vos amis vous le deman-
» deront dans les combats.

» Vous voyez, reprit-il, en nous
» adreffant la parole, que j'ai quelque
» raifon de vouloir pénétrer jufqu'à la
» Cour de Montezume. A demain.
» Rendez-vous au port; vous jugerez

» s'il est prudent qu'il persiste dans ses
» refus ».

Inca, tu ne peux concevoir la révolution soudaine qui se fit dans tous les esprits, quand le Peuple fut assuré de la ruine de ses Dieux. Imagine-toi des esclaves flétris, courbés dès leur naissance sous les chaînes de leurs tyrans, & qui, tout-à-coup délivrés de cette longue servitude, respirent, soulagés d'un fardeau accablant : tel fut le Peuple de Zampola. D'abord un reste de frayeur troubloit & réprimoit sa joie. Il sembloit craindre que la vengeance de ses Dieux ne fût qu'assoupie, & ne vînt à se réveiller. Mais, quand il les vit mutilés, & dispersés hors de leur temple, il se livra à des transports qui firent bien voir que son culte n'avoit jamais été que celui de la crainte, & qu'il détestoit dans son cœur les Dieux que sa bouche imploroit.

« Sans doute, dit l'Inca ; & il n'est pas
» dans l'homme, d'aimer, d'adorer autre
» chose qu'un être juste & bienfaisant :

« tel que vous l'annonçoient, que l'ado-
» roient eux-mêmes ces étrangers, dont
» je conçois une autre opinion que vous ».
Ce font des tigres, dit le Cacique, qui
adorent un tigre comme eux. Ils nous
annoncent un Dieu de paix, un Dieu
propice & débonnaire ; c'eft un piege
qu'ils tendent à la crédulité. Leur Dieu
eft cruel (*a*), implacable, & mille fois
plus altéré de fang que tous les Dieux
qu'il a vaincus.

Apprends que, fous nos yeux, ils lui
ont immolé plus d'un million de victimes;
qu'en fon nom ils ont fait couler des
flots de larmes & de fang ; qu'il n'en
eft point raffafié, & qu'il leur en demande encore. Mais laiffe-moi pourfuivre ; tu vas bientôt connoître & détefter ces impofteurs.

Le lendemain on nous mena au port,
où étoit la flotte de Cortès ; & l'on nous
dit de l'y attendre. Mille penfées nous
agitoient. Ce que nous avions vu la veille,
ce que nous avions entendu, l'afcendant

que prenoit cet homme inconcevable fur l'efprit des Caciques & fur l'ame des Peuples, l'apparence de fes vertus, la puiffance de fa parole, la chûte de nos Dieux, le triomphe du fien, tout nous plongeoit dans des réflexions accablantes fur l'avenir.

Cependant, du haut du rivage, nous admirions ces canots immenfes, dont la ftructure étoit un prodige pour nous. Leurs larges flancs font un affemblage de bois folides, qu'on a courbés & façonnés comme des joncs flexibles; leurs aîles font des tiffus d'écorce, fufpendus à des tiges d'arbres auffi élevés que nos cedres; ces tiffus, flottants dans les airs, fe laiffent enfler par les vents. Ainfi c'eft aux vents qu'obéit cette forterefse mouvante; une feule rame, attachée à l'extrêmité du canot, lui fert à diriger fon cours.

Comme nous étions occupés de cette effrayante induftrie, Cortès arrive, accompagné des fiens. A l'inftant fes Soldats fe jettent fur les barques. Nous croyons les voir s'éloigner; mais cette fausse joie est tout-à-coup suivie de la plus profonde douleur. Nous voyons dépouiller ces vastes édifices: bois, métaux, voiles & cordages, on enleve tout; & Cortès, donnant l'exemple à sa troupe, s'élance, la flamme à la main, embrâse l'un de ses canots, & les fait tous réduire en cendre.

Tandis que la flamme ondoyante les enveloppe & les consume, Cortès, avec une tranquillité insultante, nous regarde, & nous parle ainsi: « Tant que j'aurois » eu le moyen de m'éloigner de ce rivage, » Montezume auroit pu douter si je per- » sisterois dans ma résolution. Mexicains, » dites-lui ce que vous avez vu; & qu'il » se prépare à me recevoir en ami, ou » en ennemi ». Ce fut avec cette arrogance qu'il nous renvoya consternés.

✻

CHAPITRE VII.

NOTE.

(*a*) L̃eur *Dieu est cruel*]. Barthelemi de Las-Casas, après avoir fait à Charles-Quint la peinture des cruautés commises dans le nouveau monde : « Voilà, » dit-il, pourquoi les Indiens se moquent du Dieu » que nous adorons, & persistent opiniâtrément » dans leur incrédulité : ils croient que le Dieu » des Chrétiens est le plus méchant des Dieux ; » parce que les Chrétiens qui le servent & qui » l'adorent, sont les plus méchans & les plus cor- » rompus de tous les hommes ».

(*Découverte des Ind. occid. pag.* 180.)

CHAPITRE VIII.

Montezume attendoit notre retour avec impatience. Il assembla ses Ministres & ses Prêtres pour nous entendre. La présence des Prêtres nous fit dissimuler l'humiliation & l'opprobre dont le Dieu de Cortès avoit couvert nos Dieux ; tout le reste fut exposé dans un récit fidele & simple, & quelques figures tracées nous aiderent à faire entendre ce qui ne pouvoit s'exprimer. Le Monarque nous écoutoit avec cet étonnement stupide, qui semble interdire à l'ame la pensée & la volonté. « Ces étrangers, dit-il, ont
» sur nous, je l'avoue, un ascendant qui
» m'épouvante. Tout ce que vous m'en
» racontez, me semble tenir du prodige;
» & j'y vois quelque chose au-dessus de
» l'humain ».

« Ils sont plus éclairés, sans doute, &

CHAPITRE VIII.

» plus induſtrieux que nous, lui dit Pil-
» patoé ; mais toutes leurs lumieres ne les
» rendent pas immortels. La fatigue, la
» faim, le ſommeil, la douleur, tous les
» beſoins, tous les maux de la vie ſont faits
» pour eux comme pour nous. Leur ame
» s'écoule avec leur ſang par la piqûre
» d'une fleche, comme celle d'un Indien :
» c'eſt ce que je voulois ſavoir ; le reſte
» eſt de peu d'importance ».

Montezume, à qui ce diſcours devoit inſpirer du courage, n'en parut point touché. Il regardoit les Prêtres, & il ſembloit chercher à lire dans leurs yeux.

Alors le Pontife ſe leve, & d'un air impoſant : « Seigneur, dit-il à Montezume,
» ne vous étonnez pas de la foibleſſe de
» nos Dieux & de la décadence où tombe
» leur Empire. Nous avons évoqué le
» puiſſant Dieu du mal, le formidable
» Telcalépulca. Il nous eſt apparu ſur le
» faîte du temple, dans les ténebres de
» la nuit, au milieu des nuages que ſillon-
» noit la foudre. Sa tête énorme touchoit

» au ciel ; ſes bras, qui s'étendoient du
» midi jufqu'au nord, fembloient enve-
» lopper la terre ; fa bouche étoit rem-
» plie du venin de la peſte, qu'elle me-
» naçoit d'exhaler ; dans ſes yeux ſombres
» & cavés pétilloit le feu dévorant de la
» famine & de la rage ; il tenoit d'une
» main les trois dards de la guerre, de
» l'autre il ſecouoit les chaînes de la cap-
» tivité. Sa voix, pareille au bruit des
» vents & des tempêtes, nous a fait en-
» tendre ces mots : On me dédaigne ; on
» ne fait plus couler ſur mes autels que le
» ſang de quelques victimes, que l'on
» néglige d'engraiſſer. Qu'eſt devenu le
» temps où vingt mille captifs étoient
» égorgés dans mon temple ? Ses voûtes
» ne retentiſſoient que de gémiſſemens
» & de cris douloureux, qui rempliſſoient
» mon cœur de joie ; mes autels nageoient
» dans le ſang ; mon parvis regorgeoit
» d'offrandes. Montezume a-t-il oublié
» que je ſuis Telcalépulca, & que tous
» les fléaux du ciel font les miniſtres de
» ma

CHAPITRE VIII.

» ma colere ? Qu'il laisse tous les autres
» Dieux languir, tomber de défaillance ;
» leur indulgence les expose au mépris :
» en le souffrant ils l'encouragent ; mais
» c'est le comble de l'imprudence de né-
» gliger le Dieu du mal ».

Epouvanté d'un tel prodige, Montezume ordonne à l'instant que, parmi les captifs, on en choisisse mille pour les immoler à ce Dieu ; que dans son temple tout abonde pour les engraisser à la hâte ; & qu'il en soit fait incessamment un sacrifice solemnel.

A ce récit, l'Inca s'écrie en frémissant : « Quoi ! dans un jour, mille victimes ! » Que veux-tu, lui dit le Cacique ? Tant de calamités ont affligé la terre, que l'homme, foible & malheureux, a regardé le Dieu du mal comme le plus puissant des Dieux ; & pour le désarmer, il croit devoir lui rendre un culte barbare & sanglant, un culte enfin qui lui ressemble. Je te l'ai dit, ces étrangers lui sacrifient

Tome I.

comme nous. Et à quelle autre Divinité offriroient-ils tant d'homicides ? C'eſt là le ſecret qu'ils nous cachent ; & c'eſt par-là, ſans doute, qu'ils gagnent la faveur de ce Dieu altéré de larmes & de ſang.

L'indolent & foible Monarque croyoit avoir pourvu à tout, en ordonnant ce ſacrifice ; mais ſon ennemi s'avançoit. Vainqueur de nos voiſins (*), & ſecondé par les vaincus, il parut avec une armée. Ce fût alors que Montezume ne diſſimula plus ſon découragement. Il voulut eſſayer encore avec les Eſpagnols la force des bienfaits ; il leur offrit de partager avec eux ſes tréſors immenſes, & de faire pour eux les frais d'une nouvelle flotte, s'ils vouloient s'éloigner : miſérable reſſource ! C'étoit leur montrer ſa foibleſſe, accroître leur orgueil, & irriter encore leur inſa-tiable avarice. Auſſi Cortès, plus obſtiné & plus arrogant que jamais, déclara-t-il

---

(*) Le peuple de Tlaſcala.

Chapitre VIII.

qu'en vain l'on croyoit l'éblouir par des préfens qu'il méprifoit ; que l'or n'effaçoit point les taches que faifoit l'injure ; & que l'affront qu'il avoit reçu, ne fe lavoit que dans le fang.

Cette ville fuperbe, qui n'eft plus que ruines, la malheureufe Mexico, s'élevoit au milieu d'un lac, comme fortant du fein des eaux ; on y arrivoit par des digues, qu'on pouvoit couper aifément ; celle par où venoit Cortès, traverfoit la ville où régnoit mon pere ; & pour difputer ce paffage, mon pere ne demandoit que l'aveu de Montezume ; il ne put l'obtenir : il fallut recevoir ces étrangers comme nos maîtres, nous humilier devant eux. . . . O combien je frémis ! combien je déteftai l'ordre abfolu qui nous forçoit à cet abaiffement ! Quel vice, dans un Roi, qu'un excès de foibleffe ! Il vient lui-même, défarmé, au devant de fes ennemis, s'efforçant de cacher fa honte fous fa vaine magnificence ; il les reçoit avec toutes les marques de la joie & de l'amitié, les comble de préfens, les invite à loger dans le palais du roi son pere (*); & inacceffible pour nous, n'eft plus vifible que pour eux. Cortès, le plus diffimulé des hommes, le flatte, l'éblouit, gagne fa confiance, & l'attire (adreffe incroyable!) dans ce palais changé en forterefle, qu'ils occupoient, lui & les fiens.

Ah! c'eft ici, s'écria le Cacique, le comble de la perfidie, de l'infolence & de l'outrage. Au milieu de fa ville, au milieu de fon Peuple, & dans le palais de fon pere, Montezume lui-même eft retenu captif, en ôtage, par ces brigands. Ils font plus, & pour achever d'abattre & d'avilir fon ame, ils l'enchaînent comme un efclave, ou plutôt comme un criminel. Montezume, que fon orgueil & fon courage avoient abandonné, tendit les mains, & fans fe plaindre reçut ces liens flétriffans. Il porta la baffeffe jufqu'à fe réjouir, lorfqu'on daigna l'en délivrer.

―――――――――――

(*) Le palais d'Axayaca.

Chapitre VIII.

Honteux de sa foiblesse, il voulut la cacher à son Peuple, à sa Cour, à ses Ministres même. Il dit qu'il venoit d'expier, par une peine volontaire, la mort de quelques-uns des Soldats de Cortès (a), tués dans les champs de Zampola; il permit que, devant ses yeux, on fît brûler vifs ceux des siens qui avoient puni leur insolence. Je vis ce brave Colpoca, qui, dans l'émeute de ces brigands, en avoit tué deux de sa main, & qui s'étoit montré à nous, de la droite portant la tête d'un Castillan (*), & de la gauche la fleche encore sanglante dont il l'avoit percé; je le vis, ce brave homme, à qui jamais la peur n'avoit fait baisser la paupiere, cet homme tel, que si le Mexique en avoit eu vingt comme lui, le Mexique eût été sauvé; je le vis périr dans les flammes : Cortès l'y fit jetter vivant. Regarde ce jeune homme qui pleure en m'écoutant : c'est son frere : il alloit se

---

(*) Ce Castillan s'appelloit Arguello.

brûler avec lui ; je le retins, & je lui dis:
« Que fais-tu ? tu nous abandonnes ! tu
» veux mourir ; & tu n'es pas vengé » !

Montezume dévora tout, les affronts
& les violences ; il se loua de la bonté,
de la noblesse de Cortès ; il feignit d'être
heureux & libre, au milieu de ses Gardes
qui le faisoient trembler, & qu'il appelloit ses amis. Le malheureux invitoit son
Peuple à venir leur donner des fêtes, &
sa Cour à les honorer. Le bien de son
Empire, le maintien de la paix, l'avantage de cette alliance, qui déguisoit sa
servitude, les avis secrets de ses Dieux,
il mit tout en usage pour nous en imposer. Il voulut même paroître libre à ceux
dont il étoit l'esclave. Il prévenoit leur
volonté pour se dispenser de la suivre, &
s'imposoit les plus dures loix, de peur
qu'on ne les lui dictât. A l'avarice de ses
maîtres il prodiguoit des monceaux d'or.
Il offrit de rendre à leur Prince un hommage que leur orgueil eût à peine exigé
de lui. Il croyoit donner à cet acte de

foiblesse & de dépendance l'apparence de la justice & de la magnanimité ; & il se consoloit de s'avilir lui-même, pourvu qu'on ne vît pas qu'il y étoit forcé. Ses Dieux, qui le trompoient, qui l'avoient tous trahi, furent les seuls qu'il défendît avec une noble constance; tout le reste, l'honneur, la liberté, les biens de son Peuple & de sa Couronne, tout fut abandonné à ses insolens oppresseurs.

Il espéroit qu'à la fin, comblés de ses présens, adoucis par ses complaisances, rassasiés de notre honte & de leur gloire, ils consentiroient à nous délivrer d'eux. Ils le promirent ; & le ciel sembla vouloir les y contraindre : car on apprit que de nouveaux brigands, partis des mêmes régions, venoient leur ravir leur conquête; & Cortès, obligé de les aller combattre, ne pouvoit laisser dans nos murs qu'un très-petit nombre des siens. Mais tel étoit l'étonnement, l'abattement de Montezume, que ce petit nombre suffit pour le retenir parmi eux. On le preſſa de conſentir à ſa délivrance ; il en fut offenſé. Il dit qu'il n'étoit point captif ; que ſa conduite étoit volontaire, & plus ſage qu'on ne penſoit ; qu'il lui en avoit aſſez coûté pour s'attacher de tels amis, & qu'il ne vouloit pas s'expoſer au reproche de leur avoir manqué de foi. « J'ai leur parole, ajouta-t-il, qu'après » s'être aſſurés de la nouvelle flotte, ils » vont s'éloigner de ces bords ».

Montezume étoit ſi frappé de cette illuſion, que toute la ſcélérateſſe du crime dont tu vas frémir, put à peine le détromper. On célébroit l'une de nos fêtes ; & il étoit d'uſage, dans ces ſolemnités, de rendre hommage aux Dieux par des danſes publiques. La fleur de la jeune nobleſſe s'y diſtinguoit par ſa magnificence ; & Montezume, ſur la foi de la paix, voulut que ces brigands, qu'il appelloit ſes hôtes, fuſſent préſens à ce ſpectacle. Ils étoient en petit nombre, mais ils étoient armés ; & nous étions ſans armes comme sans défiance. Qu'on s'imagine voir des linx, des léopards errans autour d'un pâturage, où bondit un foible troupeau de chevreuils ou de daims paisibles. La soif du sang qui les dévore, s'irrite sourdement au fond de leurs entrailles; ils approchent sans bruit, dissimulant leur rage; mais leurs regards avides la décelent; & tout-à-coup, s'y abandonnant, ils s'élancent sur le troupeau, dont ils font un carnage horrible. Tels on voyoit les Castillans témoins de nos paisibles jeux, nous entourer, nous observer avec des yeux où l'avarice étinceloit comme une fievre ardente. L'or, les perles, les diamants dont nous étions parés, viles richesses qu'ils adorent, allumerent en eux cette ardeur furieuse pour laquelle rien n'est sacré. Eperdus, forcenés, se donnant l'un à l'autre le signal (*) du meurtre & de la rapine, ils tirent le glaive; & fondant sur les Indiens, ils

---

(*) Ce signal étoit le nom de saint Jacques.

égorgent tout ce que la frayeur, l'épouvante & la fuite ne dérobent pas à leurs coups. Maîtres de ce champ de carnage, on les voyoit dépouiller leur proie, & s'applaudir de leur butin, auſſi peu ſenſibles aux plaintes des mourans, que le ſont les bêtes féroces au cri des animaux tremblans qu'elles déchirent, & dont elles boivent le ſang.

Après ce crime atroce, il falloit, ou périr, ou nous délivrer de ces traîtres. Montezume eut beau colorer la noirceur de leur attentat ; on ne l'écouta plus : l'emportement du Peuple & ſa fureur étoient au comble. Il vint au palais de mon pere le ſupplier de prendre ſa défenſe, & de l'aider à délivrer ſon Roi. O mon pere ! ſi la valeur, la prudence, la fermeté avoient pu ſauver ta patrie, qui mieux que toi, eût mérité d'en être le libérateur ? Sous lui le trouble & le tumulte font place à l'ordre & au conſeil. A la tête du Peuple, il force l'ennemi à ſe retirer dans l'enceinte du palais qui lui

Chapitre VIII.

sert d'asyle, le réduit à ne plus paroître, & l'assiege de toutes parts. Alors on nous annonce le retour de Cortès.

NOTE.

(a) Quelques-uns des soldats de Cortès]. Déscalante, & sept Espagnols, du nombre de ceux qu'on avoit laissés à la Vera-Crux. Ils avoient pris parti pour des mutins contre les troupes de l'Empire.

CHAPITRE IX.

CET heureux brigand, délivré d'un rival (*) qui venoit lui disputer sa proie, avoit tiré de nouvelles forces du parti opposé au sien (*a*). Plus fier que jamais, il arrive, il s'avance; un silence morne l'étonne en entrant dans nos murs. Il pénetre avec défiance jusqu'aux portes de son palais, & s'y enferme avec ses compagnons.

Mon pere les suivoit des yeux; il entendit leurs cris de joie. « Demain, » dit-il, demain, si le ciel nous seconde, » nous changerons ces cris en des cris de » douleur ». En effet, dès le jour suivant, tout le Peuple fut sous les armes, & mon pere ordonna l'assaut. Inca, ce moment fut terrible. S'il ne nous eût fallu franchir que des murs hérissés de lances & d'épées,

---

(*) Narvaëz.

ce péril ne feroit pas digne d'être rappellé ; mais peins-toi un mur de feu, un rempart foudroyant, d'où partoient fans cefle, à travers des tourbillons de fumée & de flamme, une grêle homicide & d'horribles tonnerres, dont tous les coups étoient marqués par un vuide affreux dans nos rangs. Ce vuide étoit rempli ; nos Indiens, couverts du fang de leurs amis, qui rejailliffoit autour d'eux, marchoient fur des monceaux de morts. C'étoit le courage effréné de la haine, de la vengeance & du défefpoir réunis. On travailloit obftinément à brifer les murs & les portes ; on fe faifoit, avec des lances, des échelons pour s'élever ; les Indiens bleffés fervoient, en expirant, de degrés à leurs compagnons, pour atteindre au haut des murailles ; le trouble, l'effroi, l'épouvante regnoient au dedans, la fureur au dehors. C'en étoit fait, fi le Soleil, en nous dérobant fa lumiere, n'eût pas terminé le combat.

La nuit, des fleches enflammées

embraferent les toits de ce palais funefte; l'horreur de l'incendie en écarta le fommeil ; & tandis qu'au milieu des fiens, Cortès travailloit à l'éteindre, nous prîmes un peu de repos. Mais l'aurore du jour fuivant nous vit les armes à la main.

L'ennemi fort ; la ville entiere devient un champ de bataille. Notre fang l'inonda; mais nous vîmes auffi, & avec des tranfports de joie, couler celui des Caftillans. La nuit fit ceffer le carnage. L'ennemi rentra dans fes murs.

Il fallut donner quelques jours aux devoirs de la fépulture ; & l'ennemi les employa à conftruire des tours mouvantes, pour combattre à l'abri d'une grêle de pierres, qu'on lui lançoit du haut des toits. Cependant mon pere appliquoit tous fes foins à éviter, dans le combat, ce défordre qui nous perdoit ; à donner à nos mouvemens plus d'accord & d'intelligence ; à établir fes poftes, difpofer fes attaques, ménager pas à pas une retraite à fes troupes, & l'interdire à

CHAPITRE IX.

l'ennemi. La ville bâtie au milieu d'un lac étoit coupée de canaux, dont les ponts, faciles à rompre, pouvoient laisser après nous de larges fossés à franchir. C'est sur-tout de cet avantage qu'il vouloit qu'on sût profiter.

« O mes enfans, nous disoit-il, gar-
» dez-vous de cette ardeur aveugle, qui
» vous ôte la liberté d'agir ensemble &
» de concert. La foule est toujours foible;
» & dans les flots pressés d'un Peuple
» qui charge en tumulte, le nombre nuit
» à la valeur. Observez dans vos mouve-
» mens l'ordre que je vous ai prescrit;
» je vous réponds de la victoire. Elle coû-
» tera cher; mais ce n'est pas ici le mo-
» ment de nous ménager. Il seroit indigne
» de nous de fuir, dans les combats, la
» mort qui nous attend sous nos toits,
» dans les bras de nos enfans & de nos
» femmes. Mais la liberté, la vengeance,
» la gloire d'avoir bien servi votre patrie
» & votre Roi, vous ne les trouverez
» qu'avec moi, au milieu de vos ennemis
» terrassés ».

Enfin, du palais de Cortès, on vit sortir ces tours pleines d'hommes armés, que traînoient de fiers quadrupedes, & dont la cîme chancelante lançoit de rapides feux. Mais des pierres énormes, tombant du haut des toits, les eurent bientôt fracassées. On combattit à découvert, sans trouble & sans confusion. Le meurtre étoit affreux, mais tranquille. A travers l'incendie de nos palais, où l'ennemi portoit la flamme, la fureur marchoit en silence; la mort s'avançoit à pas lents. Chaque tranchée étoit un poste, attaqué, défendu avec acharnement. L'avantage des armes, de ces armes terribles qui font l'image de la foudre, étoit le seul qu'eût l'ennemi sur nous; mais quel nombre, ou quelle valeur peut compenser cet avantage? Ce fut ce qui rendit douteux le succès d'un combat si long & si sanglant. L'ennemi nous céda la place, mais plutôt lassé que vaincu.

Mon pere, en nous montrant parmi les morts quarante de ces furieux (*b*),

nous

nous faisoit espérer d'exterminer le reste. « Encore deux combats comme celui-ci, » nous disoit-il, & le Mexique est dé- » livré ».

Le Peuple regardoit d'un œil avide les Castillans étendus à ses pieds. « Ils ne » sont pas immortels », disoit-il, en comptant leurs blessures. Chacun s'attribuoit la gloire d'avoir porté l'un de ces coups.

Encouragé par ce spectacle, on attendit avec impatience l'assaut remis au lendemain. Il fut tel que les assiégés ne pouvoient plus le soutenir. On approchoit des murs ; on alloit bientôt les franchir, & gagner la premiere enceinte. Cortès alors, désespéré, força Montezume à paroître, pour nous ordonner de cesser. Montezume se montre, &, du haut des murailles, il fait signe de l'écouter. Sa présence suspend l'assaut. Le Peuple, saisi de respect, se prosterne, & prête silence. Le Monarque éleva la voix : il remercia ses Sujets d'avoir tenté sa délivrance ;

mais il leur dit qu'il étoit libre, & au milieu de ses amis. « Du reste, ils con-
» sentent, dit-il, à se retirer dès demain,
» pourvu qu'à l'instant même l'on mette
» bas les armes, & que, pour signe de
» la paix, on cesse toute hostilité. Je le
» veux, je vous le commande. Obéissez
» à votre Roi ».

La multitude, à cette voix, étoit incertaine & flottante. Mon pere la détermina.

« Si tu es libre, grand Roi, dit-il à
» Montezume, sors de ta prison, & viens
» regner sur nous. Jusques-là nous n'écou-
» tons point un malheureux Prince, qu'on
» force à se trahir lui-même. Non,
» Peuple, ce n'est pas votre Roi qui vous
» parle ; c'est un captif que l'on menace,
» & qui subit la loi de la nécessité. Sa
» bouche demande la paix ; son cœur
» implore la vengeance. Vengez-le donc,
» sans écouter ce que lui dictent ses
» tyrans ».

A ces mots l'assaut recommence. On

crie au Roi de s'éloigner. L'ennemi l'arrête, & l'expose à nos coups. Mon pere, qui tremble pour lui, veut détourner l'attaque..... Il n'est plus temps. Une pierre fatale a frappé Montezume. Il chancelle, & tombe expirant dans les bras de ses ennemis. En le voyant tomber, le Peuple jette un cri de douleur, s'épouvante & s'enfuit, comme chargé d'un parricide. Bientôt l'ennemi nous renvoie son corps pâle & défiguré. Une multitude éplorée accourt, s'empresse, l'environne, & détestant la main qui l'a frappé, remplit l'air de ses hurlemens, & baigne son Roi de ses larmes.

Les Caciques s'assemblent, & mon pere est élu pour succéder à Montezume. Alors un nouveau plan d'attaque & de défense acheve de déconcerter & d'effrayer nos ennemis.

Mon pere, aux assauts meurtriers, préféra les lenteurs d'un siege. Dans une enceinte inaccessible au feu des Espagnols, il les fit entourer de tranchées &

de remparts. Les travaux avançoient. Cortès s'en épouvante; & il médite sa retraite. C'étoit le moment décisif. Il lui falloit, pour s'échapper, repasser sur l'une des digues dont le lac étoit traversé; & mon pere, ayant bien prévu que Cortès choisiroit les ombres de la nuit pour favoriser son passage, fit rompre les ponts de la digue, la borda d'une multitude de canots remplis d'Indiens, habiles à tirer de l'arc & de la fronde; & à la tête de ses Caciques, il voulut lui-même charger la colonne des ennemis. Tout fut exécuté, mais avec trop d'ardeur. Des canots on voulut s'élancer sur la digue. Cette imprudence coûta la vie à une foule d'Indiens. Deux cens des Soldats de Cortès & mille de ses alliés tomberent sous nos coups; un pont volant sauva le reste; & quand le jour vint éclairer le carnage de la nuit, on trouva ceux des Castillans dont la mort nous avoit vengés, on les trouva chargés de l'or qu'ils étoient venus nous ravir, & dont le poids les avoit accablés. Ainsi l'or une fois fut utile à notre défense.

Dans ce combat, où le lac du Mexique avoit été rougi de sang, mon pere avoit reçu deux blessures mortelles. A son heure derniere il m'appella, & il me dit : « Mon » fils, tu vois le fruit d'un mauvais regne. » Ces brigands reviendront plus forts, » secondés de ces mêmes Peuples que » Montezume a fait gémir. Hélas ! je pré- » vois, en mourant, la ruine de ma pa- » trie, moins malheureux de ne pas lui » survivre, & d'avoir fait, jusqu'au der- » nier soupir, ce que j'ai pu pour la sauver. » Défends - la comme moi, défends - la » même sans espérance ; & sois le dernier » à combattre sur ses débris ». A ces mots, je me sentis presser entre ses bras ; & de ses levres éteintes m'ayant donné le baiser paternel, il expira.

Ce souvenir cruel & tendre émut si vivement le Héros Mexicain, que sa voix en fut étouffée ; & les Incas, les yeux attachés sur un fils si vertueux & si sen- sible, attendirent en silence que son cœur se fût soulagé.

NOTES.

(a) D*U parti opposé au sien*]. La conduite de Cortès, dans cette occasion, est regardée comme le plus beau trait de sa vie. (*Voyez Antonio de Solis*).

(b) *Quarante de ces furieux*]. Les deux tiers des Espagnols, & Cortès lui-même, avoient été blessés dans ce combat.

CHAPITRE X.

Pour succéder à mon vertueux pere, reprit Orozimbo, le choix des Caciques tomba sur le jeune Guatimozin, son neveu, mon ami, le plus vaillant des hommes. Hélas! il se montra bien digne de ce choix; mais le sort trahit son courage.

Cortès revint au bord du lac avec des forces redoutables. A mille Castillans (*) sa fortune avoit joint plus de cent mille auxiliaires: telle étoit l'ardeur de nos Peuples à voler au devant du joug.

L'épouvante se répandit dans toutes les villes voisines. Les unes se rangerent du côté de Cortès, & prirent les armes pour lui; d'autres se trouverent désertes; & leurs habitans éperdus, ou se sauverent

---

(*) Il avoit reçu d'Espagne de nouveaux secours.

dans nos murs, ou s'enfuirent vers les montagnes.

Dans peu, fur le lac du Mexique, nous vîmes lancer une flotte (*) femblable à celle qui, fur nos bords, avoit apporté ces brigands. La multitude de nos canots eut beau l'environner & l'affaillir de toutes parts ; brifés, engloutis par le choc de ces barques énormes, ils faifoient périr avec eux les Mexicains dont ils étoient chargés.

Le génie & l'activité de notre jeune Roi firent des efforts inouis, pour fuppléer à l'avantage que les barques des ennemis avoient fur nos frêles canots. Son ardeur, fon intelligence fe fignalerent encore plus à la défenfe de nos digues. Dans les travaux, dans les dangers, partout & fans ceffe préfent, il étoit l'ame de fon Peuple. Le feu de fon courage enflammoit tous les cœurs. Les obftacles qu'il oppofa aux approches des Caftillans,

---

(*) Compofée de treize brigantins.

Arrête! commence par moi; je me défie de ma main, et je veux mourir de la tienne.

lasserent enfin leur constance. Effrayés des travaux & des périls d'un long siege, ils nous proposerent la paix. Tout le Peuple la demandoit ; le Roi y consentoit lui-même ; la famine qui nous pressoit y disposoit tous les esprits ; les Prêtres, au nom de leurs Dieux, furent les seuls qui s'y opposerent. Ils avoient abattu l'ame de Montezume ; ils flatterent imprudemment l'audace de Guatimozin. Une ombre de péril les avoit d'abord consternés, une apparence de succès les rendit aussi arrogans qu'ils avoient été lâches.

Sur la foi d'un oracle, nous refusâmes la paix. Crédulité fatale ! un Dieu plus fort que tous nos Dieux, démentit leur vaine promesse. Il fit descendre des montagnes les Peuples les plus indomptés (*) ; il changea leur féroce orgueil en un zele ardent & docile ; & Cortès n'eut pas plutôt vu grossir son camp de leurs fiers

---

(*) Les Otomies.

bataillons, qu'il résolut de nous livrer l'assaut.

Le passage sur les trois digues fut ouvert, malgré les efforts d'un courage déterminé. L'ennemi pénétra jusques dans nos murs, s'y établit parmi des ruines. Il s'avança, précédé du carnage que faisoient devant lui ses foudroyantes armes; &, par trois routes opposées, parvenu enfin jusqu'au centre de cette ville, où, depuis trois jours, regnoient l'épouvante & la mort..... A ces mots il s'interrompit par un frémissement de rage. « O sou- » venir affreux » ! s'écria-t-il ; & ses yeux sembloient indignés de voir encore la lumiere.

L'Inca tâchoit de le calmer. Ah ! reprit le malheureux Prince, tu vas juger toi-même si ma douleur est juste ! Je combattois près de mon Roi ; j'avois quitté le palais de mes peres ; & dans ce palais assiégé, j'avois abandonné ma sœur, une sœur adorée, à qui moi-même j'étois plus cher que la lumiere du jour. Pour sa

CHAPITRE X. 123

garde & pour fa défenfe, j'avois laiffé, à la tête de quelques Indiens, le brave Télafco, le fidele ami de mon cœur, celui de tous les hommes que j'ai le plus aimé, à qui ma fœur étoit promife. Ce digne ami fe défendoit avec tout le courage de l'amour & du défefpoir; il l'infpiroit à fes foldats; chacun d'eux fembloit, comme lui, protéger les jours d'une amante. Aucune de leurs fleches ne partoit en vain; le veftibule du palais étoit inondé de fang; la mort en défendoit l'approche. Mais des palais voifins, que l'ennemi avoit embrâfés, l'incendie atteint celui-ci. Les affiégés y font enveloppés d'un tourbillon de fumée; la flamme perce à travers ce nuage; elle s'attache aux lambris de cedre, & s'y répand à flots preffés.

Le péril de ma fœur occupe feul mon ami; il la cherche au milieu de l'embrâfement; & dans ce palais folitaire, dont fes foldats, de tous côtés, défendent l'enceinte, il appelle, avec des cris perçans, sa chere Amazili. Il la trouve éperdue, courant échevelée, & le cherchant pour l'embrasser, avant de périr dans les feux. « O chere moitié de mon ame! lui dit-il, » en la saisissant, & en la serrant dans » ses bras, il faut mourir, ou être » esclaves. Choisis : nous n'avons qu'un » instant. — Il faut mourir, lui répondit » ma sœur ». Aussi-tôt il tire une fleche de son carquois, pour se percer le cœur. « Arrête! lui dit-elle, arrête! commence » par moi : je me défie de ma main, & » je veux mourir de la tienne ».

A ces mots, tombant dans ses bras, & approchant sa bouche de celle de son amant, pour y laisser son dernier soupir, elle lui découvre son sein. Ah! quel mortel, dans ce moment, n'eût pas manqué de courage! Mon ami tremblant la regarde, & rencontre des yeux dont la langueur eût désarmé le Dieu du mal. Il détourne les siens, & releve le bras sur elle ; son bras tremblant retombe sans frapper. Trois fois son amante l'implore,

CHAPITRE X.

& trois fois sa main se refuse à percer ce cœur dont il est adoré. Ce combat lui donne le temps de changer de résolution. « Non, non, dit-il, je ne puis » achever. — Et ne vois-tu pas, lui dit-» elle, les flammes qui nous environnent, » & devant nous l'esclavage & la honte, » si nous ne savons pas mourir ? — Je » vois aussi, dit-il, la liberté, la gloire, » si nous pouvons nous échapper ». Alors appellant ses soldats : « Amis, leur dit-il, » suivez-moi ; je vais vous ouvrir un pas-» sage ». Il fait environner ma sœur, commande que les portes du palais soient ouvertes, & s'élance à travers la foule des ennemis épouvantés.

Celui qui m'a peint ce combat en frémissoit lui-même. Un énorme rocher, qui se détache & roule du haut des monts au sein des mers, chasse les vagues mugissantes, & s'ouvre à grand bruit un abîme à travers les flots courroucés. Tel, en sortant du palais de mon pere, se présenta le formidable Télasco. Les flots d'ennemis qu'il avoit écartés, en retombant sur lui, alloient l'accabler sous le nombre. Il les repousse encore ; une lourde massue, qu'il fait voler autour de lui, brise les lances & les glaives, &, comme un tourbillon rapide, renverse tout ce qu'elle atteint. Au milieu d'un rempart de morts, mon ami, couvert de blessures, & le corps sillonné de ruisseaux de sang, se défend & combat jusqu'à l'épuisement du peu de forces qui lui restent. Enfin ses bras laissent tomber la massue & le bouclier ; bientôt il chancelle, il succombe..... Il respiroit encore. Il fut pris vivant ; & ma sœur suivit le sort de mon ami. Est-il mort ? a-t-elle eu la force & le malheur de lui survivre ? C'est ce que je n'ai pu savoir. Peut-être, ô ciel ! dans ce moment, il gémit sous les coups d'un maître inflexible. Ma sœur peut-être..... Ah ! loin de moi cette épouvantable pensée: elle rallume en vain toute ma rage, & fait le tourment de mon cœur.

CHAPITRE X.

L'Inca, qui lui voyoit étouffer ses soupirs & dévorer ses larmes, le pressoit d'interrompre ce récit désolant. Non, dit le Cacique, achevons : puisque j'ai pu survivre à mes malheurs, je dois avoir la force d'en soutenir l'image.

Tous nos postes forcés livroient la ville en proie à nos vainqueurs. Le Roi n'avoit plus pour asyle que son palais, où sa noblesse lui offroit de s'ensevelir. Il voulut, dans l'espoir de rallier sur les montagnes les Indiens que la frayeur & la fuite avoient dispersés, il voulut s'échapper lui-même, pour revenir assiéger à son tour, & accabler nos ennemis. Il traversoit le lac; & pour favoriser sa fuite, nos canots occupoient la flotte de Cortès par un combat désespéré. Monarque infortuné ! Tout le sang prodigué pour lui ne put le sauver : il fut pris..... C'est encore ici que mon courage m'abandonne. Alors un délire stupide se saisissant d'Orozimbo, sa langue parut se glacer, sa bouche entr'ouverte & ses yeux immobiles marquoient l'épouvante & l'horreur. Sa voix enfin s'ouvre un passage ; il s'écrie : O Guatimozin ! ô le plus magnanime, ô le meilleur des Rois ! Un brasier, des charbons ardens ! … C'est sur ce lit qu'ils l'étendirent. « O barbarie atroce » ! s'écrie à ce récit l'Inca, saisi d'horreur. Attends, dit le Cacique, attends ; tu vas mieux les connoître. Tandis que le feu pénétroit jusqu'à la moëlle des os, Cortès, d'un œil tranquille, observoit les progrès de la douleur ; & il disoit au Roi : « Si tu es » las de souffrir, déclare où tu as caché » tes tréfors ».

Soit qu'il n'eût rien caché, soit qu'il trouvât honteux de céder à la violence, le Héros du Mexique honora sa patrie par sa constance dans les tourmens. Il attache un œil indigné sur le tyran, & il lui dit : « Homme féroce & sanguinaire, connois- » tu pour moi de supplice égal à celui de » te voir » ? Il ne lui échappa ni plainte, ni prière, ni aucun mot qui implorât une humiliante pitié.

Sur

Chapitre X.

Sur le brasier étoit aussi un fidele ami de ce Prince. Cet ami, plus foible, avoit peine à résister à la douleur; & prêt à succomber, il tournoit vers son Maître des regards plaintifs & touchans. « Et » moi, lui dit Guatimozin, suis-je sur » un lit de roses » ? Ces paroles étoufferent le soupir au fond de son cœur (*b*).

Tu frémis, Inca; ce n'est rien que tout ce que tu viens d'entendre. Tu n'as vu ces brigands que dans l'ardeur du carnage. Pour en juger, il faut les voir au sein de la paix, au milieu des peuples qu'ils ont désarmés, dont les uns vont au devant d'eux avec une joie ingénue, & les autres d'un air timide & suppliant; qui leur présentent de plein gré ce qu'ils ont de plus précieux; qui s'empressent à les servir, à les loger dans leurs cabanes; qui supportent pour eux les travaux les plus rudes; qui courbent le dos sans se plaindre sous le faix dont ils les accablent, sous les coups dont ils les meurtrissent; qui se laissent flétrir, avec un fer brûlant, des marques de la servitude; c'est là que s'est montrée la cruauté des Castillans. Tout ce que tu peux concevoir des excès de la tyrannie & des rigueurs de l'esclavage, n'approche pas encore des maux que ces hommes dénaturés font souffrir aux plus doux des hommes.

Ceux-ci, épouvantés par le supplice de leur Roi, par le saccagement de leur ville & de leurs campagnes, ne s'occupoient qu'à fléchir les vainqueurs; ils opposoient la douceur des agneaux à la férocité des tigres; leurs caresses, leurs larmes, l'abandon volontaire du peu de bien qu'ils possédoient, une obéissance muette, une aveugle soumission, le dernier & le plus pénible de tous les sacrifices que l'homme puisse faire à l'homme, celui de sa liberté, rien n'adoucit ces cœurs farouches. Si leurs esclaves surchargés, dans une longue & pénible route, osent gémir sous le fardeau, un châtiment soudain leur impose silence ; & s'ils succombent sous l'excès du travail & de la misere, un bras impitoyable acheve de leur arracher le dernier soupir. « Cruels! » disent ces innocens, que vous avons-» nous fait ? Notre vie n'est employée » qu'à vous servir ; pourquoi nous l'ar-» racher ? Epargnez du moins nos enfans » & nos femmes ». Les monstres sont sourds à ces plaintes. *De l'or, de l'or*, c'est leur cri de rage : on ne peut les en assouvir. Un Peuple en vain se hâte d'apporter à leurs pieds le peu qu'il a de ce métal funeste. Ce n'est jamais assez ; & tandis qu'à genoux, les mains au ciel, les yeux en pleurs, il proteste qu'il n'en a plus, on l'enchaîne, on le livre à d'horribles tourmens, pour l'obliger à découvrir ce qu'il peut en avoir encore. Leur avarice a inventé des tortures inconcevables & des supplices inouis. Ingénieuse à compliquer & à prolonger les douleurs, elle donne à la mort mille formes horribles, que la mort ne connoissoit pas.

Mais ce qui révolte le plus de leur atrocité, c'est sa froideur tranquille. La nature est muette dans ces cœurs endurcis. Autour des bûchers, où la flamme dévore une famille entiere, au milieu d'un hameau dont les toits embrâsés fondent sur les femmes enceintes, sur les foibles vieillards, sur les enfans à la mamelle, au pied des échafauds où un feu lent consume le fils & la mere, déchirés avant de mourir; on les voit, ces hommes féroces, on les voit, rians & moqueurs, se réjouir & insulter aux victimes de leur furie.

Inca, ne nous reproche point d'avoir vu tant de maux, sans mourir de douleur, ajouta le Cacique, en versant des ruisseaux de larmes, & d'une voix entrecoupée par les sanglots qui l'étouffoient: si nous supportons nos malheurs, si nous vivons, si nous fuyons notre déplorable patrie, c'est pour lui chercher des vengeurs.

« Ah! vous en méritez sans doute, lui
» dit l'Inca, en l'embrassant. Je sens vos

» maux, je les partage. Si je ne puis les
» réparer, j'espere au moins les adoucir.
» Demeurez parmi nous, illustres mal-
» heureux, & que ma Cour soit votre
» asyle. Hélas ! si j'en crois des présages
» qui commencent à s'avérer, le temps
» approche où j'aurai besoin de votre
» expérience & de votre courage. — Ah !
» s'écrierent les Caciques, la vie est
» l'unique bien que le destin nous laisse :
» généreux Prince, elle est à toi, & tu
» peux en être prodigue : sans toi, le
» désespoir en eût déja tranché le cours ».

NOTES.

(a) Qu'il résolut de nous livrer l'assaut]. Cortès se vit à la tête de deux cents mille hommes. Ce n'est donc pas avec cinq cents hommes, comme on l'a dit tant de fois, qu'il prit la ville de Mexico.

(b) Au fond de son cœur] Cortès ayant fait cesser l'exécution, Guatimozin vécut encore deux ans. Il finit par être pendu, sur la déposition d'un Indien, qui l'accusa d'avoir conspiré contre les Espagnols.

CHAPITRE XI.

TANDIS que la paix, la justice, l'humanité regnoient encore dans ces régions fortunées, sous les loix des fils du Soleil; la tyrannie des Castillans s'étendoit comme un incendie: la ruine & la solitude en marquoient par-tout les progrès.

Le nord de l'Amérique étoit dévasté; le midi commençoit à l'être. En vain ce pieux solitaire, cet ami courageux & tendre des malheureux Indiens, Barthelemi de Las-Casas, avoit fait retentir le cri de la nature jusqu'au fond de l'ame des Rois (*); une pitié stérile, une volonté foible de remédier à tant de maux, fut tout ce qu'il obtint. On fit des loix: ces loix, sans force, ne purent de si loin réprimer la licence; la cupidité secoua

---

(*) Ferdinand & Charles-Quint.

le frein qu'on vouloit lui donner; & fous des Rois qui condamnoient l'oppreffion & l'efclavage, l'Indien fut toujours efclave, l'Efpagnol toujours oppreffeur.

Barthelemi, s'humiliant devant l'éternelle fageffe, pleuroit au bord de l'Ozama (*a*), dans une retraite profonde, l'impuiffance de fes efforts.

Cependant l'ifthme étoit en proie au plus inhumain des tyrans. Ce barbare étoit Davila. Sa cruauté l'avoit rendu l'effroi des Peuples des montagnes qui joignent les deux Amériques. A travers les rochers, les forêts & les précipices, fes foldats, fes chiens dévorans furent lancés contre les Sauvages. Pour les détruire, il n'en coûta que la peine de les pourfuivre, & celle de les égorger. Ainfi fut ouvert le paffage de l'océan du nord à la mer Pacifique.

Là, de nouveaux bords fe découvrent; & l'ambition des conquêtes y voit un champ vafte à courir. Balboa (*b*), digne précurfeur du fanguinaire Davila, a déjà voulu pénétrer dans ces régions du midi ; & des flots de sang indien ont inondé les bords où il a tenté de descendre. Après lui, de nouveaux brigands ont risqué de plus longues courses; mais la constance ou la fortune leur a manqué dans ces travaux.

Il falloit que, pour la ruine de cette partie du Nouveau Monde, la nature eût formé un homme d'une résolution, d'une intrépidité à l'épreuve de tous les maux ; un homme endurci au travail, à la misere, à la souffrance ; qui fût manquer de tout, & se passer de tout, s'animer contre les périls, se roidir contre les obstacles, s'affermir encore sous les coups de la plus dure adversité. Cet homme étonnant fut Pizarre ; & cette force d'ame, que rien ne put dompter, n'étoit pas sa seule vertu. Ennemi du luxe & du faste, simple & grand, noble & populaire, sévere quand il le falloit, indulgent lorsqu'il pouvoit l'être, & modérant, par la douceur d'un commerce libre &

CHAPITRE XI.

facile, la rigueur de la discipline & le poids de l'autorité, prodigue de sa propre vie, attachant un grand prix à celle d'un soldat, libéral, généreux, sensible, il n'avoit point pour lui cette cupidité qui déshonoroit ses pareils : l'ambition de s'illustrer, la gloire d'avoir entrepris & fait une immense conquête, étoient plus dignes de son cœur. Il vit entasser à ses pieds des monceaux d'or dans des flots de sang ; cet or ne l'éblouit jamais ; il ne se plut qu'à le répandre. Sobre & frugal pendant sa vie, on le trouva pauvre à sa mort. Tel fut l'homme que la fortune avoit tiré de l'état le plus vil (c), pour en faire le conquérant du plus riche Empire du monde.

Connu, par sa bravoure, du Vice-Roi de l'isthme (*), il en obtint le droit d'aller chercher, par-delà l'équateur, des régions nouvelles & de nouveaux trésors. Un seul des vaisseaux qui restoient de

---

(*) Dom Pedre Arias Davila.

la flotte de Balboa, lui suffit pour son entreprise. Il l'arme au port de Panama; & le bruit s'en répand bientôt jusqu'à l'île Espagnole (*), à cette île fameuse par la conquête de Colomb, & dont on avoit fait depuis le siege de la tyrannie.

Au nom de Pizarre, une fiere jeunesse demande à s'aller joindre à lui. Leur Chef, Alonzo de Molina, magnanime & vaillant jeune homme, mais d'un courage trop bouillant & d'un naturel trop sensible, avoit gagné, par sa candeur, l'estime & l'amitié du vertueux Las-Casas. Il voulut, avant de partir, l'embrasser, & lui dire adieu.

« Hé quoi ! lui dit le solitaire, l'avarice » des Castillans n'est donc pas encore » assouvie ; & vous allez chercher pour » eux de nouveaux bords à ravager ! — Le » ciel m'est témoin, répondit Alonzo, » que c'est la gloire qui me conduit. — La » gloire ! ah ! reprit l'homme juste, en

―――――――――――

(*) Saint-Domingue.

» est-il pour les assassins ? en est-il à
» tomber sur un troupeau timide d'hommes
» nus, foibles, désarmés ; à les égorger
» sans péril, avec une cruauté lâche ?
» Votre gloire est celle du vautour, lors-
» qu'il déchire la colombe. Non, mon
» ami, je vous le dis, la honte & la dou-
» leur dans l'ame, rien ne peut effacer
» l'opprobre dont se couvrent les Castil-
» lans. Ils trahissent leur Dieu, leur
» Prince, leur patrie ; & leur avarice
» insensée se trompe, en croyant s'assou-
» vir. Hélas ! s'ils avoient bien voulu mé-
» nager leur conquête, l'Inde seroit heu-
» reuse, l'Espagne seroit opulente ; mais,
» par l'abus honteux qu'ils font de la
» victoire, ils auront épuisé l'Espagne &
» ruiné l'Inde sans fruit ».

« Hé bien, voici, lui dit Alonzo, le
» moment de les éclairer. Je ne connois
» Pizarre que par sa renommée ; mais on
» me l'a peint généreux. Il est digne peut-
» être, ô mon ami, d'entendre de votre
» bouche la voix de l'humanité. Pourquoi

» ne demandez-vous pas à le fuivre dans
» fa conquête ? Venez. Vos confeils,
» votre zele vous rendront refpectable &
» cher à mes compagnons comme à moi».

Aux inftances d'Alonzo, Barthelemi
s'émeut ; il fent réveiller dans fon cœur
fon activité bienfaifante; & l'efpoir d'être
utile aux hommes ranime fon ardeur.
Mais la réflexion, la trifte prévoyance le
découragent de nouveau. « Molina, dit-il
» au jeune homme, vous connoiffez mon
» cœur. Je ne verrai jamais patiemment
» faire du mal aux Indiens ; je parlerois
» pour eux fans ménagement & fans
» crainte; & vous-même peut-être, expofé
» à la haine de ceux que j'aurois offenfés,
» vous vous plaindriez de mon zele. — Ve-
» nez, lui dit Alonzo; & ne penfons qu'au
» bien que votre préfence peut faire. Qui
» fait les crimes & les maux que vous épar-
» gnerez au monde? & quel reproche ne
» vous feriez-vous pas, de n'avoir eu
» qu'à vous montrer, pour fauver des
» millions d'hommes, & de ne l'avoir

» pas voulu ? – C'en eſt aſſez, lui dit
» Las-Caſas. Je ne vous laiſſerai pas croire
» que j'aie renoncé par faibleſſe à l'eſ-
» pérance d'être utile à ces infortunés. Je
» vous ſuivrai. Faſſe le ciel que Pizarre
» daigne m'entendre » !

Ils partent enſemble ; & bientôt le vaiſſeau qui les a reçus, aborde au rivage de l'iſthme. On y débarque à l'embouchure du fleuve des Lézards (*d*) ; & pour le remonter, on s'élance ſur des canots. Chacun de ces canots, formé du creux d'un cedre, porte vingt rameurs Indiens, qu'un farouche Eſpagnol commande. Mais ces rameurs, animés par les cris d'une jeuneſſe impatiente, redoublent en vain leurs efforts ; le fleuve leur oppoſe tant de rapidité, qu'ils ont peine à le vaincre, & ne vont contre le torrent qu'avec une extrême lenteur. Celui qui les commande, ſemble leur faire un crime de la violence des eaux. Leur corps, ruiſſelant de ſueur, eſt meurtri de verges ſanglantes. Hors d'haleine & preſque aux abois, ils fouffrent leurs maux fans fe plaindre ; feulement des larmes muettes tombent fur leur rame, & fe mêlent avec les goutes de fueur qu'on voit diftiller de leur fein ; & quelquefois ils levent fur celui qui les frappe un regard douloureux & tendre, qui femble implorer fa pitié.

Las-Cafas, témoin de tant de barbarie, éprouve le tourment d'un pere, qui voit déchirer fes enfans. « Ceffez, cruels, dit-il, » ceffez de tourmenter ces malheureux, » qui fe confument en efforts pour votre » fervice. Voulez-vous les voir expirer ? » Ils font hommes ; ils font vos freres ; » ils font enfans du même Dieu que » vous ». Alors s'adreffant au plus jeune & au plus foible des rameurs : « Mon » ami, lui dit-il, refpirez un moment ; » je vais ramer à votre place ».

Les jeunes Efpagnols, touchés de ce fpectacle, s'empefferent tous à l'envi de foulager les Indiens. Ceux-ci tendoient les mains à l'homme bienfaifant qui leur procuroit ce relâche, le combloient de bénédictions, & lui donnoient ce tendre nom de pere qu'il avoit si bien mérité !

Alors Molina, s'approchant de Las-Casas, lui dit tout bas, avec un mouvement de joie : « Hé bien, mon pere, » vous repentez-vous à présent de nous » avoir suivis » ? Barthelemi le regarda d'un œil où la tendre compassion & la tristesse étoient peintes, & ne lui répondit que par un profond soupir.

Il est un village, connu sous le nom de Crucès, où le fleuve cesse d'être navigable. Ce fut là qu'obligé de quitter les canots, on suivit, à travers les bois, une longue & pénible route. Mais toute pénible qu'elle est, la fatigue en est adoucie, quand, du haut des côteaux, le regard se promene sur des vallons que la nature se plaît à parer de ses mains; où la variété des arbres & des fruits, la multitude des oiseaux peints des couleurs les plus brillantes, forment un coup-d'œil enchanteur. Hélas ! dans ces climats si beaux, tout ce qui respire est heureux;

l'homme opprimé, souffrant & misérable, y gémit seul sous le joug de l'homme, & remplit de ses plaintes les antres solitaires qui le cachent à son tyran.

De montagne en montagne, on s'éleve, on parvient jusqu'au sommet qui les domine, & d'où la vue, au loin, s'étend vers l'un & l'autre bord, sur l'immense abîme des eaux. De là se découvrent à la fois (e), d'un côté l'océan du nord, de l'autre la mer Pacifique, dont la surface, dans le lointain, s'unit avec l'azur du ciel. « Compagnons, leur dit Molina, saluons » cette mer, cette terre inconnue, où nous » allons porter la gloire de nos armes. Si » Magellan s'est rendu immortel, pour » avoir seulement reconnu ces pays im-» menses, quelle sera la renommée de » ceux qui les auront soumis (f) » ?

Il descend la montagne, & bientôt, approchant des murs où Davila commande, il lui fait annoncer cent jeunes Castillans, qui viennent s'offrir à Pizarre,

pour

Chapitre XI.

pour aller chercher avec lui la gloire & les dangers.

Le farouche tyran de l'isthme étoit plongé dans la douleur. Il venoit de perdre son fils unique à la poursuite des Sauvages. « Soyez les bien venus, dit-il
» aux jeunes Castillans; & prenez part
» à la désolation d'un pere, dont ces
» féroces Indiens ont dévoré le fils. Oui
» les cruels l'ont dévoré, ce fils, mon
» unique espérance. Ah ! tout leur sang
» peut-il jamais rassasier ma fureur ? Pour-
» suivez, massacrez cette race impie &
» funeste. S'il en échappe un seul, je ne
» me croirai point vengé ».

Pizarre fit un accueil plus doux aux nouveaux compagnons que lui amenoit la fortune. Il les reçut sur son vaisseau, avec cet air plein de franchise & d'affabilité qui lui gagnoit les cœurs ; & après les éloges qu'il devoit à leur zele, il leur présenta ses amis. « Voilà, dit-il, le géné-
» reux Almagre & le pieux Fernand de
» Luques (*g*), qui consacrent, à mon

» exemple, leur fortune à cette entreprise;
» Almagre, assez connu par sa valeur,
» & Fernand par les dignités qu'il rem-
» plit dans le Sacerdoce. Près de lui vous
» voyez Valverde, zélé Ministre des
» autels : c'est lui qui sera parmi nous
» l'interprete du ciel, l'organe de la Foi,
» l'Apôtre de la vérité, chez ces Nations
» idolâtres. Ce guerrier est Salcédo, noble
» & vaillant jeune homme : c'est à ses
» mains que l'étendart de la Castille est
» confié, & c'est lui qui nous conduira
» dans le chemin de la victoire. Vous
» voyez dans Ruïz un savant Pilote, à qui
» cette mer est connue, & qui le premier
» a tenté d'en parcourir les écueils, sous
» l'intrépide Balboa ». Il leur nomma de
même avec éloge Peralte, Ribéra, Séra-
luze, Aléon, Candie, Oristan, Salamon,
& tous ceux qui l'accompagnoient.

Alonzo lui nomme à son tour les
Castillans qu'il lui amene, tels que le
jeune & beau Mendoce, l'audacieux
Alvar, le bouillant & fougueux Pennate,

& Valafquès plus froidement fuperbe, & le magnanime Mofcofe, & Moralès, qui le premier devoit périr en abordant. Infortuné jeune homme ! tu portois dans tes yeux le courage d'un immortel. Pizarre en connoît un grand nombre, ou par leur renommée, ou par celle de leurs aïeux. Il leur témoigne à tous combien il eft fenfible à l'honneur de les commander. Ses regards s'attachent enfin fur l'humble & pieux Solitaire qu'il voit à côté d'Alonzo. « Eft-ce encore là, de-
» mande-t-il, un meffager de la Foi, que
» fon zele engage à nous fuivre »?

Au nom de Las-Cafas, au nom de ce héros de la Religion & de l'humanité, que l'Efpagne avoit honoré du nom de *Protecteur de l'Inde*, Pizarre eft faifi de refpect, & fe profternant devant lui, croit adorer la vertu même. « Eft-ce vous,
» lui dit-il, vénérable & pieux mortel,
» eft-ce vous qui venez bénir & partager
» nos travaux ? Quel préfage pour moi de
» la faveur du ciel, & du fuccès de mon
» entreprife » !

« Vaillant & généreux Pizarre, lui
» répondit le Solitaire, le seul témoignage
» assuré de la faveur du ciel est dans le
» cœur de l'homme juste. Méritez-la par
» vos vertus ; & n'enviez point aux
» méchans des succès dont le ciel s'irrite.
» La gloire d'être humain, sensible & bien-
» faisant, sera pure, & d'autant plus belle,
» que vous aurez peu de rivaux ».

NOTES.

(*a*) *Au bord de l'Ozama*]. Riviere sur laquelle Barthelemi Colomb, frere de l'Amiral, avoit fait bâtir la ville de saint Domingue.

(*b.*) *Balboa, digne précurseur du sanguinaire Davila*]. Vasco Nugnès de Balboa. Il avoit découvert la mer du Sud en 1513. Ce fut à lui qu'un Indien répondit *Béru, Pelu*, je m'appelle *Béru*, & j'habite le bord de *la riviere :* de-là le nom de *Pérou.* Balboa étoit gendre de Davila. Celui-ci lui fit trancher la tête.

(*c*) *De l'état le plus vil*]. La premiere condition de Pizarre avoit été la même que celle de Sixte-Quint.

Chapitre XI.

(*d*) *Du fleuve des Lézards*]. Aujourd'hui *la Chagre*, qui, des montagnes de l'isthme, descend dans la mer du nord. Ses eaux font une lieue par heure.

(*e*) *De-là se découvre à la fois*]. On préfere ici le témoignage de M. de la Condamine à celui de Lionnel Wafer, lequel assure que d'aucun endroit de l'isthme on ne découvre à la fois les deux mers.

(*f*) *Qui les auront soumis*]. Le voyage de Magellan en 1521 & 1522; l'entreprise de Pizarre en 1524.

(*g*) *Fernand de Luques*]. Augustin Zarate prétend qu'Almagre étoit fils naturel de Fernand de Luques. (*Découverte & conquête du Pérou.* L. 1.).

CHAPITRE XII.

LE vaisseau, pour mettre à la voile, attendoit un vent favorable. On fit des vœux pour l'obtenir. Le plus auguste de nos mysteres fut célébré sur la poupe, par ce même Fernand de Luques, intéressé avec Almagre dans les risques de l'entreprise, & comme lui associé dans le partage du butin..... O superstition! Ce Prêtre sacrilege, pour rendre les autels garans de ses vils intérêts, suspend le divin sacrifice, au moment de le consommer; & tenant dans ses mains la victime pure & céleste, il se tourne vers l'assistance. Sur son front chauve & sillonné de rides, l'austérité paroît empreinte; il souleve un sourcil épais dont son œil morne est ombragé; & d'une voix semblable à celle qui, du creux des autels, prononçoit les oracles: « Ve-
» nez, Pizarre, & vous Almagre, venez,

CHAPITRE XII.

» dit-il, fceller du fang d'un Dieu notre
» illuftre & fainte alliance ». Alors rompant l'Hoftie en trois (*a*), il s'en réferve une partie, & en donnant une à chacun de fes affociés interdits & tremblans : « Ainfi, dit-il, foit partagée la dépouille » des Indiens ». Tel fut leur ferment mutuel, tel fut le pacte de l'avarice. Barthelemi en fut épouvanté.

Le même jour on tint confeil; & là, on entendit Pizarre expofer fon plan, fes moyens, fes mefures & fes reffources. Fernand de Luques, chargé du foin de pourvoir aux befoins de la flotte, devoit refter à Panama, tandis qu'Almagre voyageroit fans ceffe du port de l'ifthme aux bords où l'on alloit defcendre, & y ameneroit les fecours : rien n'avoit été négligé; & la prudence de Pizarre, en prévoyant tous les obftacles, fembloit les avoir applanis : tel fut l'éloge unanime qu'elle reçut dans le confeil.

Mais Las-Cafas, qui, dans ce plan, voyoit les Indiens vaffaux des Caftillans,

ou plutôt leurs esclaves, destinés aux plus durs travaux, ne put renfermer sa douleur. Il demande à parler ; on lui prête silence ; & , la tristesse dans les yeux : « J'entends, dit-il, qu'on se pro-
» pose de distribuer les Indiens comme
» de vils troupeaux. On l'a fait dans les
» îles ; les îles ne sont plus que d'effrayantes
» solitudes. Des millions d'infortunés ont
» péri sous le joug. Suivrez - vous cet
» exemple, & ferez-vous périr de même
» les Peuples de ces bords » ?

Chacun s'empressa de répondre qu'on les ménageroit. « Il n'en est qu'un moyen,
» continua le Solitaire : c'est de ne laisser
» à personne le pouvoir de les opprimer.
» Qu'ils soient Sujets, mais Sujets libres.
» Le même Roi, la même loi, & , comme
» je l'espere, le même Dieu que nous ;
» mais jamais d'autre dépendance : voilà
» leur droit, que je réclame au nom de
» la nature, & à la face du ciel ».

« Vertueux Las-Casas, lui répondit
» Pizarre, vos vœux & les miens sont

» d'accord. Faire adorer mon Dieu, faire
» obéir mon Roi, impofer à ces Peuples
» un tribut modéré, établir entre eux &
» l'Efpagne un commerce utile pour eux,
» autant qu'avantageux pour elle ; voilà
» ce que je me propofe. Faffe le ciel que,
» fans ufer de contrainte & de violence,
» je puiffe l'obtenir ! — Je vous en fuis
» garant, reprit vivement Las-Cafas. Mais
» Pizarre, promettez-moi que, fi ces
» Peuples font dociles, s'ils foufcrivent à
» des loix juftes, s'ils ne demandent qu'à
» s'inftruire, ils feront libres comme nous ;
» que leurs jours, leurs biens, leur repos,
» feront protégés par vos armes ; que
» l'honnêteté, la pudeur, la timide &
» foible innocence, auront en vous un
» défenfeur, un vengeur. — Je vous le
» promets. — Que vous ne fouffrirez ja-
» mais qu'on les arrache à leur patrie,
» qu'on les condamne à des travaux,
» qu'on exige d'eux, par la crainte, la
» menace & les châtimens, au-delà du
» tribut impofé par vous-même. — Telle

» est ma résolution. — Hé bien, jurez-le
» donc au Dieu que vous avez reçu,
» & que tous vos amis le jurent ».

A ce discours un bruit confus se répandit dans l'assemblée ; & Fernand de Luques prenant la parole : « Quoi, dit-il
» à Barthelemi, jurer à Dieu de ménager des barbares qui le blasphement,
» qui brûlent devant les idoles un encens
» qui n'est dû qu'à lui ! Jurons plutôt de
» les exterminer, s'ils osent défendre leurs
» temples, & s'ils refusent d'adorer le
» Dieu que nous leur annonçons. L'Amérique nous appartient au même titre
» que Canaan appartenoit aux Hébreux :
» le droit du glaive qu'ils avoient sur
» l'idolâtre Amalécite (*b*), nous l'avons
» sur des Infideles, plus aveuglés, plus
» abrutis dans leurs détestables erreurs.
» Ils se plaignent qu'on leur impose un
» trop rigoureux esclavage ; mais eux-
» mêmes, sont-ils plus doux, plus humains
» envers leurs captifs ? Sur des autels
» rougis de sang, ils leur déchirent les

Chapitre XII.

» entrailles; ils se partagent, par lambeaux,
» leurs membres encore palpitans; ils les
» dévorent les barbares; ils en font les
» vivans tombeaux. Et c'est pour cette race
» impie qu'on parle avec tant de chaleur!
» Si les châtimens les effraient, qu'ils
» cessent de nous dérober cet or stérile
» dans leurs mains, & qui nous a déja
» coûté tant de périls & de fatigues.
» Quoi! n'avez-vous franchi les mers,
» n'avez-vous bravé les tempêtes, &
» cherché ce malheureux monde à tra-
» vers tant d'écueils, que pour abandon-
» ner l'unique fruit de vos travaux, vous
» en retourner les mains vuides, & ne
» rapporter en Espagne que la honte &
» la pauvreté? L'or est un don de la
» nature. Inutile à ces Peuples, il nous
» est nécessaire. C'est donc à nous qu'il
» appartient; & leur malice, opiniâtre à
» le cacher, à l'enfouir, les rendroit seule
» assez coupables pour justifier nos ri-
» gueurs. Quant à leur esclavage, il est la
» pénitence des crimes dont les a souillés

» un culte impie & sanguinaire. Ce ne sont
» pas les creux des mines, où ils sont
» enfermés vivans, que l'on doit redouter
» pour eux. Ils méritent d'autres ténebres
» que celles de ces noirs cachots; &
» pourvu qu'ils y meurent résignés &
» contrits, ils béniront un jour les mains
» qui les auront chargés de chaînes ».

Ainsi parla Fernand de Luques. Las-Casas, qui, d'un œil immobile d'horreur, le regardoit & l'écoutoit, lui répondit: « Prêtre d'un Dieu de paix, vos levres,
» où ce Dieu reposoit tout-à-l'heure, ont-
» elles proféré ce que je viens d'entendre?
» Est-ce du haut du bois arrosé de son
» sang, où, s'immolant pour tous les
» hommes, sa bouche expirante imploroit
» la grace de ses ennemis, est-ce du haut
» de cette croix qu'il vous a dicté ce lan-
» gage? Vous, Chrétien, vous parlez
» d'exterminer un Peuple qui ne vous a
» fait aucun mal! S'il vous en avoit fait,
» votre Religion vous diroit encore de
» l'aimer. Vous vous comparez aux

» Hébreux, & ce Peuple aux Amalécites !
» Laiſſez, laiſſez-là ces exemples, dont
» on n'a que trop abuſé. Si Dieu, dans
» ſes conſeils, a jamais dérogé aux ſaintes
» loix de la nature, il a parlé, il a donné
» un décret formel, authentique, dans
» toute la ſolemnité que ſa volonté doit
» avoir, pour forcer l'homme à lui obéir
» plutôt qu'à la voix de ſon cœur ; &
» ce décret n'a pu s'étendre au-delà des
» termes précis où lui-même il l'a ren-
» fermé : l'ordre accompli, la loi qu'il
» avoit ſuſpendue, a repris ſon cours éter-
» nel. Dieu parloit aux Iſraélites ; mais
» Dieu ne vous a point parlé. Tenez-vous
» en donc à la loi qu'il a donnée à tous
» les hommes : *Aimez-moi, aimez vos*
» *ſemblables* : voilà ſa loi, Fernand. Sont-ce
» là vos tortures ? & vos chaînes ? & vos
» bûchers ?

» Les Indiens, ſans doute, ont exercé
» entre eux des cruautés bien condam-
» nables ; mais, fuſſent-ils plus inhumains,
» eſt-ce à vous de les imiter ? Leur

» malheur, hélas ! est de croire à des
» Dieux fanguinaires. Si, au lieu du tigre,
» ils voyoient fur leurs autels l'agneau
» fans tache, ils feroient doux comme
» l'agneau. Et qui de nous peut dire,
» qu'élevé dès l'enfance dans le fein des
» mêmes erreurs, l'exemple de fes peres,
» les loix de fon pays n'auroient pas tenu
» fa raifon captive fous le même joug?
» Plaignez donc, fans les condamner,
» ces efclaves de l'habitude, ces victimes
» du préjugé. Cependant, dites-moi s'ils
» font par-tout les mêmes; & quel mal
» avoient fait les Peuples de l'Efpagnole
» & de Cuba? Rien de plus doux, de plus
» tranquille, de plus innocent que ces
» Peuples. Toute leur vie étoit une pai-
» fible enfance; ils n'avoient pas même
» des fleches pour bleffer les oifeaux de
» l'air. Les en a-t-on plus épargnés ? C'eft
» là que j'ai vu des brigands, fans motifs,
» fans remords, maffacrer les enfans,
» égorger les vieillards, fe faifir des femmes
» enceintes, leur déchirer les flancs, en

Chapitre XII.

» arracher le fruit.... O Religion sainte,
» voilà donc tes ministres ! O Dieu de la
» nature, voilà donc tes vengeurs ! Enfer-
» mer un Peuple vivant dans les rochers
» où germe l'or ; l'y faire périr de misere,
» de fatigue & d'épuisement, pour accu-
» muler vos richesses, & pour engendrer
» sur la terre tous les vices, enfans du
» luxe, de l'orgueil, de l'oisiveté : ô Fer-
» nand ! c'est la pénitence que vous im-
» posez à ces peuples ! Ecartez ce masque
» hypocrite, qui vous gêne sans nous
» tromper. Vous servez un Dieu ; mais
» ce Dieu, c'est l'impitoyable avarice.
» C'est elle qui, par votre bouche, ou-
» trage ici l'humanité, & veut rendre le
» ciel complice des fureurs qu'elle inspire,
» & des maux qu'elle fait ».

Fernand, qui, pendant ce discours, n'avoit cessé de frémir, & de rouler sur l'assemblée des yeux étincelans, se levoit pour répondre. Pizarre le retint. Mais Valverde parla, & prit le ton paisible d'un sage conciliateur. Cet homme, le plus noir, le plus diffimulé que l'Efpagne eût produit, pour le malheur du Nouveau Monde, portoit dans fon cœur tous les vices; mais il les couvoit fourdement; & le mafque de l'hypocrifie, qu'il ne quittoit jamais, en impofoit à tous les yeux.

« Barthelemi, dit-il, ne confultons ici » que les intérêts de Dieu même : car » l'homme n'eft rien devant lui. Ces » Peuples font fes ennemis, & fes ennemis » éternels, s'ils meurent dans l'idolâtrie: » vous ne le défavouerez pas. Comment » donc celui qui demain fera l'objet de fa » colere, peut-il être aujourd'hui l'ob- » jet de mon amour? Qu'ils fe faffent Chré- » tiens; la charité nous lie. Mais jufques-là » Dieu les exclut du nombre de fes enfans. » C'eft à ce titre, d'ennemis des Gentils & » des Infideles, & de Conquérans pour » la Foi, que ce Monde nous appartient. » Le fouverain Pontife en a fait le partage, » & il l'a fait du plein pouvoir de celui » de qui tout dépend (c). Mais, quelles
» que

» que soient les richesses que profanent
» les Indiens, quelque abus même qu'ils
» en fassent, le droit d'en dépouiller les
» temples & les autels de leurs idoles,
» pour en faire un plus digne usage,
» n'est pas ce qui doit nous toucher.
» Oublions ces fragiles biens; ne pen-
» sons qu'au salut des ames. Il s'agit de
» gagner, ou de laisser périr celles de
» tous ces malheureux. Voulez-vous les
» abandonner, ou les retirer de l'abîme ?
» Pour les sauver, à Dieu ne plaise que je
» veuille que l'on préfere les moyens les
» plus violens. Dans les îles peut-être on
» a été trop loin; on n'a pas assez mo-
» déré la premiere ferveur du zele; &
» s'il est un moyen plus doux de captiver
» les Indiens, qu'un esclavage salutaire,
» comme vous je demande qu'on daigne
» l'essayer. Mais si l'on se voit obligé de
» faire à des esprits rebelles une heureuse
» nécessité de subir le joug de la Foi,
» vaut-il mieux les abandonner, que d'em-
» ployer à les réduire une utile & sainte

» rigueur ? C'est ce que je ne puis pen-
» ser. Attendons que les circonstances
» nous éclairent & nous décident, sans
» renoncer au droit divin de commander
» & de contraindre, mais avec la ferme
» assurance de ne jamais en abuser. Voilà,
» je crois, ce que le zele, d'accord avec
» l'humanité, conseille à des héros chré-
» tiens ».

L'assemblée étoit satisfaite du parti modéré que proposoit Valverde. Mais Las-
Casas ne vit en lui qu'un fourbe adroit &
dangereux. « De toutes les superstitions,
» dit-il, la plus funeste au monde, est
» celle qui fait voir à l'homme, dans ceux
» qui n'ont pas sa croyance, autant d'en-
» nemis de son Dieu : car elle étouffe
» dans les cœurs tout sentiment d'huma-
» nité ; & Valverde a raison : comment
» peut-on aimer l'éternel objet des ven-
» geances & de la haine de son Dieu ?
» De là ce barbare mépris qu'on a conçu
» pour les Sauvages, & souvent cette joie
» atroce qu'on ressent à les opprimer. Ah!

CHAPITRE XII.

» loin de nous cette pensée, que Dieu,
» tant que l'homme respire, puisse le haïr
» un moment. Ces Indiens sont comme
» vous l'ouvrage de ses mains ; il aime son
» ouvrage ; il les a faits pour être heu-
» reux. Toujours le même, il veut encore
» ce qu'il voulut en les créant ; & infini
» dans sa puissance comme dans sa bonté,
» il a mille moyens qui nous sont incon-
» nus, d'attirer à lui ses enfans.

» Le lien fraternel n'est donc jamais
» rompu : la charité, l'égalité, le droit
» naturel & sacré de la liberté, tout sub-
» siste ; & d'accord avec la nature, la
» Foi, d'un bout du monde à l'autre,
» ne présente aux yeux du Chrétien
» que des freres & des amis. Mais,
» dites-vous, si l'esclavage est le seul
» moyen d'engager, de retenir les Indiens
» sous le joug de la Foi !... Juste ciel !
» l'esclavage ! la honte & le scandale de
» la Religion, est le seul moyen de
» l'étendre ! Ah ! c'est lui qui la désho-
» nore, qui la rend odieuse, & qui la

» détruiroit, si l'enfer pouvoit la détruire.
» Il fut cruel chez tous les Peuples; il
» est atroce parmi nous. Vous le savez;
» vous avez vu le fils arraché à son pere,
» la femme à son époux, la mere à ses
» enfans; vous avez vu **jeter** dans le fond
» d'un vaisseau des troupeaux d'hommes
» enchaînés, y croupir entassés, consu-
» més par la faim; vous avez vu ceux
» qui sortoient de cet exécrable tombeau,
» pâles, abbatus de foiblesse, aussi-tôt
» condamnés aux travaux les plus acca-
» blans. Et c'est-là, dit-on, le moyen
» de gagner les esprits! En a-t-on tenté
» d'autres? A-t-on daigné les éclairer?
» A-t-on pris soin de les instruire? Veut-
» on même qu'ils soient instruits? On
» veut qu'ils vivent & qu'ils meurent
» comme des animaux stupides. Pour les
» persuader il eût fallu vivre avec eux,
» souffrir leur indocilité, l'apprivoiser par
» la douceur, l'attirer par la confiance,
» & la vaincre par les bienfaits. C'est
» l'exemple qui prouve; & le plus digne

» apôtre de la Religion, c'eſt la vertu. » Soyez bons, ſoyez juſtes; vous ſerez » écoutés. Je connois bien ce Nouveau » Monde! Interrogez ceux dont le zele » portoit le flambeau de la Foi dans ces » régions déſolées, où l'on a commis tant » de maux. Demandez-leur quel doux » empire a ſur l'ame des Indiens la raiſon, » l'équité, la vertu bienfaiſante, la con- » ſolante vérité. Demandez-leur s'il fut » jamais de Peuple moins jaloux de ſes » opinions, plus empreſſé d'ouvrir les » yeux à la lumiere, plus facile à per- » ſuader? Mais au moment qu'on leur » prêchoit un Dieu clément & débon- » naire, ils voyoient arriver des raviſſeurs » perfides, & d'infâmes déprédateurs, qui, » au nom de ce même Dieu, les dépouil- » loient, les enchaînoient, leur faiſoient » ſouffrir mille outrages. Pouvoient-ils, » ne pas accuſer de fourberie & d'impoſ- » ture ceux qui leur annonçoient la dou- » ceur de ſa loi? Ce que je dis-là, je » l'ai vu, je l'ai vu: ce n'eſt pas devant

» moi qu'il faut calomnier ces Peuples.

» Mais fuſſent-ils opiniâtres & obſtinés
» dans leurs erreurs, eſt-ce pour vous
» une raiſon de les réduire au rang des
» bêtes ? On eſpere adoucir pour eux
» les rigueurs de la ſervitude ! On l'a
» promis cent fois ; a-t-on pu s'y réſoudre?
» J'ai vu Ferdinand s'attendrir, j'ai vu
» Ximenès s'indigner, j'ai vu Charles
» frémir des inhumanités dont je leur
» faiſois la peinture. Ils y ont voulu re-
» médier ; & avec toute leur puiſſance,
» ils l'ont voulu en vain. Quand le vautour
» de la tyrannie s'eſt ſaiſi de ſa proie,
» il faut qu'il la dévore, & rien ne peut
» l'en détacher. Non , mes amis, point
» de milieu : il faut renoncer au nom
» d'hommes, abjurer le nom de chrétiens,
» ou nous interdire à jamais le droit de
» faire des eſclaves. Cet aviliſſement
» honteux, où le plus fort tient le plus
» foible, eſt outrageant pour la nature,
» révoltant pour l'humanité, mais abomi-
» nable ſur-tout aux yeux de la religion.

» *Mon frere, tu es mon esclave*, eſt
» une abſurdité dans la bouche d'un
» homme, un parjure & un blaſphême
» dans la bouche d'un Chrétien.

» Et de quel titre s'autoriſe la fureur
» d'opprimer ? *Conquérans pour la Foi !*
» La Foi ne nous demande que des cœurs
» librement ſoumis. Qu'a-t-elle de com-
» mun avec notre avarice, nos rapines,
» nos brigandages ? Le Dieu que nous
» ſervons eſt-il affamé d'or ? *Un Pontife*
» *a partagé l'Inde !* Mais l'Inde eſt-elle à
» lui ? mais avoit-il lui-même le droit qu'on
» s'arroge en ſon nom ? Il a pu confier ce
» monde à qui prendroit ſoin de l'inſtruire,
» mais non pas le livrer en proie à qui
» voudroit le ravager. Le titre de ſa con-
» ceſſion eſt fait pour un Peuple d'A-
» pôtres, non pour un Peuple de bri-
» gands.

» L'Inde n'eſt donc à vous que par
» droit de conquête ; & le droit de
» conquête, tyrannique en lui-même, ne
» peut être légitimé que par le bonheur

» des vaincus. Oui, Pizarre, c'est la clé-
» mence, la bonté qui le justifient; &
» l'usage de la victoire va vous donner
» la renommée, ou d'un brigand par vos
» fureurs, ou d'un héros par vos bienfaits.
» Ah! croyez-moi, n'attendez pas le mo-
» ment de l'ivresse & de l'emportement,
» pour mettre un frein à la victoire. Ce
» jour est, pour vous, consacré à des
» résolutions saintes. Tous ces guerriers,
» disposés comme vous à écouter la voix
» de la nature, suivront votre exemple à
» l'envi. Ils sont jeunes, sensibles, & la
» corruption ne les a point gagnés encore:
» j'en ai fait l'épreuve récente; je crois
» même les voir touchés des malheurs
» que je vous ai peints. Je vous conjure,
» au nom de la religion, au nom de la
» patrie & de l'humanité, de faire avec
» eux le serment d'épargner les Peuples
» soumis, de respecter leurs biens, leur
» liberté, leur vie. C'est un lien sacré
» dont vous aurez besoin peut-être, pour
» vous épargner de grands crimes; c'est

» du moins un gage de paix, qu'au nom
» des Indiens, leur ami, dirai-je leur
» pere, vous demande à genoux, & les
» larmes aux yeux ». A ces mots il se
prosterna.

« Et moi, dit Fernand, je m'oppose
» à cet acte déshonorant. Tant de pré-
» caution marque pour nous trop peu
» d'estime. L'homme fidele à son devoir,
» se répond assez de lui-même, & n'a
» pas besoin qu'on le gêne par les entraves
» du serment ».

« Pour garantir vos intérêts, reprit mo-
» destement Las-Casas, le serment le plus
» redoutable vient d'être exigé par vous-
» même; & pour le salut de ces Peuples,
» le serment vous paroît inutile & inju-
» rieux »!

Fernand se sentit confondu, & n'en
devint que plus atroce. Il se répandit en
injures contre le protecteur de l'Inde,
l'accusa de trahir son Roi, sa patrie, &
son Dieu lui-même; lui donna les noms
odieux de délateur, de partisan du crime

& de l'impiété. Pizarre, à qui cet homme violent & pervers étoit trop néceſſaire encore, vit le moment qu'il le perdoit. Il commença par l'appaiſer; & puis, s'adreſſant à Las-Caſas, lui dit d'un air reſpectueux, que ſon zele méritoit bien la gloire qu'il lui avoit acquiſe; que ſes conſeils & ſes maximes lui ſeroient à jamais préſens; qu'il les ſuivroit autant qu'il lui ſeroit poſſible; mais qu'il croyoit que ſa parole étoit un gage ſuffiſant.

Le Solitaire conſterné ſe retire avec Alonzo. « Vous voyez, dit-il, mon ami,
» qu'ici mon zele eſt inutile. Je vous
» l'avois bien dit. Cette épreuve m'éclaire;
» n'en demandez pas davantage. Je
» crois connoître aſſez Pizarre : il ſeroit
» juſte & modéré, ſi chacun conſentoit
» à l'être. Mais il veut réuſſir; & ſon
» ambition fera céder aux circonſtances
» ſa droiture & ſon équité. Je ne vous
» propoſe point de renoncer à le ſuivre :
» ce ſeroit affoiblir le nombre & le parti
» des gens de bien. Mais moi, dont la

Chapitre XII.

» préfence eſt déja importune, & feroit
» biéntôt odieufe, je n'ai plus déformais
» qu'à regagner ma folitude. Adieu. Si
» vous voyez tourner cette conquête en
» brigandage, prenez confeil de votre
» cœur, il vous conduira toujours bien ».

Alonzo, déja mécontent de tout ce qui
s'étoit paſſé, fut fur-tout indigné de voir
qu'on fe délivroit de Las-Cafas; & lui-
même il l'auroit fuivi, fi fon honneur,
trop engagé, ne l'avoit retenu. « Mon
» ami, lui dit-il, je refte, je vous obéis
» à mon tour; mais j'obferverai Pizarre;
» j'éprouverai dans peu s'il tient ce qu'il
» vous a promis; & fi j'ai le malheur
» d'être avec des brigands, foyez bien
» affuré que je n'y ferai pas long-temps ».

NOTES.

(*a*) *Alors rompant l'hostie en trois*]. Ce trait-là est historique. *Pigliarono l'hostia consacrata del santissimo sacramento, giorando di non romper mai la fede.* (Benzoni. L. 3.)

(*b*) *Sur l'idolâtre Amalecite*]. Cette comparaison a été faite par le Missionnaire Gumilla, & par bien d'autres fanatiques.

(*c*) *Du plein pouvoir de celui de qui tout dépend*]. Les termes de la bulle sont : *De nostrâ merâ liberalitate, & ex certâ scientiâ, ac de apostolicæ potestatis plenitudine..... Autoritate omnipotentis Dei, nobis in beato Petro concessâ..... donamus, concedimus & assignamus.*

CHAPITRE XIII.

BARTHELEMI fut remmené jusqu'au fleuve des Lézards. Il monte une barque indienne; & la rapidité du fleuve l'éloigne bientôt de Crucès. Libre & seul avec ses Sauvages, il leur parloit; il jouissoit de leurs carresses naïves; il tâchoit de les consoler.

L'un deux lui dit : « Notre bon pere, » tu nous aimes & tu nous plains. Nous » savons tout ce que tu as fait pour sou- » lager notre misere. Veux-tu porter la » joie chez nos amis de la montagne ? Ils » savent que nous t'avons vu : Capana, le » chef de nos freres, donneroit dix ans » de sa vie pour te posséder un moment. » Viens le voir. Le sentier qui mene à sa » retraite est rude, étroit, entrecoupé de » torrens & de précipices; mais, sur des » tissus de liane, nous te porterons tour-à- » tour ».

A ces mots, deux ruisseaux de larmes coulerent des yeux de Las-Casas; & tant de courses d'un monde à l'autre, tant de peines & de travaux qu'il avoit essuyés pour eux, tout fut récompensé.

« Quoi, sur l'isthme! quoi, près d'ici, » des Indiens libres encore! Ah! du » moins sont-ils bien cachés, demanda- » t-il, & Davila ne peut-il pas les décou- » vrir »? Leur asyle est sûr, lui dirent les Sauvages; nous seuls en connoissons la route; & le silence est sur nos levres. Nous savons nous taire & mourir.

Las-Casas consent à les suivre. On laisse le canot dans un anse du fleuve; & à travers d'épais buissons, on s'enfonce dans ces déserts.

Comme ils passoient un défilé entre deux hautes montagnes, un cri fit retentir les bois. Les Indiens pâlirent; leurs cheveux se dresserent. C'étoit le cri du tigre; ils l'avoient reconnu. Immobiles & en silence, ils écouterent; le même cri se fait entendre de plus près. Alors,

Chapitre XIII.

jugeant que le péril approche, & que le tigre vient sur eux, ils se rassemblent, ils se pressent autour de Las-Casas. « Laisse-nous t'entourer, lui disent-ils, & ne crains rien; ne crains rien; il n'en prendra qu'un, & ce ne sera pas toi ». En effet, l'animal féroce, pour franchir le vallon, ne fait que trois élans, &, saisissant un Indien, l'emporte dans les bois, sans ralentir sa course (*a*). Le pieux Solitaire leve les mains au ciel en poussant un cri lamentable, & tombe oppressé de douleur. Bientôt, reprenant ses esprits, & se retrouvant au milieu de ses Indiens, qui le rappellent à la vie : « Ah ! mes amis, qu'ai-je vu, leur dit-il ? — Allons, mon pere, prends courage, lui répondent ces malheureux; ce n'est rien. — Ce n'est rien, grand Dieu ! — Non, ce n'est rien que les tigres, en comparaison des Espagnols. — O race impie & féroce ! Quelle honte pour vous, s'écria Las-Casas ! Vous réduisez les Indiens à ne pas se plaindre des tigres » !

Enfin, de rochers en abîmes, ils approchent de la vallée. Elle étoit entourée d'un cercle de montagnes couvertes d'épaisses forêts, & qui, de tous côtés, ne présentoient aux yeux qu'une masse énorme & profonde, sans laisser soupçonner le vuide que leur enceinte renfermoit.

A travers l'épaisseur des bois, on s'avance, on gravit, on franchit enfin les montagnes. Tout-à-coup, aux yeux de Las-Casas, se découvre un riche vallon, dont la fertilité l'enchante. Au centre de la plaine, s'élevoit un hameau, & au milieu du hameau la cabane du Cacique. Barthelemi, à cette vue, se sent ému de joie & de pitié. « Pauvre Peuple, s'écria-
» t-il avec attendrissement ; fasse le ciel
» que ton asyle soit à jamais impéné-
» trable » !

A l'approche des Indiens, leurs compagnons accourent, impatiens d'apprendre ce qu'ils leur viennent annoncer. « Nous vous amenons notre pere, disent
» ceux-ci

Chapitre XIII.

» ceux-ci avec transport. Le voilà; c'est
» lui, c'est Las-Casas ». A ce nom, rien
ne peut exprimer l'allégresse de ce Peuple
reconnoissant. Leurs bras se disputent la
gloire de l'enlever, de le porter en
triomphe jusqu'au village, où le Cacique
a déja su l'arrivée de Las-Casas.

Il s'avance au-devant de lui, & lui
tendant les bras : « Viens, lui dit-il, mon
» pere, viens consoler tes enfans de tous
» les maux qu'on leur a faits : en te voyant,
» ils les oublient ». Las-Casas jouissoit du
bonheur le plus doux que puisse goûter
sur la terre un cœur vertueux & sensible.
« O mes amis, leur disoit-il, en les em-
» brassant tour-à-tour, si vous m'aimez si
» tendrement, moi qui ne vous ai fait
» aucun bien ; quel n'eût pas été votre
» amour pour un Peuple qui eût mis sa
» gloire à vous donner des arts utiles,
» de sages loix, de bonnes mœurs, &
» un culte agréable au Dieu de l'univers?
» — Ah ! mon pere, dit le Cacique,
» nous aurions adoré ce Peuple généreux,

» Laiſſons les regrets inutiles. Le ſeul
» homme, entre ces barbares, qui ait été
» juſte & bienfaiſant, nous le poſſédons.
» Je ne veux t'occuper que de notre
» joie ».

Il le mena dans ſa cabane; & quelle fut la ſurpriſe de Barthelemi, en y voyant ſur un autel une ſtatue de bois de cedre, où ſes traits étoient ébauchés ! Le Cacique lui dit : « Regarde. C'eſt toi,
» mon pere, oui, c'eſt toi-même. Un
» de nos Indiens qui t'avoit vu, & qui
» t'avoit toujours préſent, m'a fait ta
» reſſemblance. Elle nous ſuit par-tout.
» C'eſt elle que nous invoquons dans
» toutes nos entrepriſes; & depuis que
» nous la poſſédons, tout nous a réuſſi ».

Las-Caſas, qui d'abord n'avoit pu ſe défendre d'un mouvement de reconnoiſſance, ſe reprocha ce ſentiment; & parlant au Cacique d'un air doux & ſévere: « Renverſez, dit-il, cette image : un ſimple
» mortel n'eſt pas digne de votre vénéra-
» tion ». A ces mots il alloit ſaiſir la ſtatue;

CHAPITRE XIII.

pour la briser. Le Cacique la défendit, comme il eût défendu ses enfans & sa femme. « Ah ! lui dit-il, laisse-nous cette » chere ombre de toi-même. Quand tu » ne seras plus, elle rappellera à nos » enfans, à nos neveux, le seul ami que » nous ayons eu parmi nos cruels oppres- » seurs ».

Tout le Peuple s'assemble autour de la cabane, & demande à voir Las-Casas. Il se montre; & l'air retentit de ce cri d'allégresse : « Le voilà, l'homme juste, » l'homme bienfaisant, le voilà. Il nous » aime, il nous plaint, il vient voir ses » amis. Qu'il reste avec nous, l'homme » juste : nos cœurs & nos biens sont à » lui ».

« O Dieu de la nature ! s'écria Las- » Casas, se pourroit-il que des cœurs si » vrais, si doux, si simples, si sensibles, » ne fussent pas innocens devant toi » !

Cependant de jeunes chasseurs se sont répandus dans la plaine, les uns perçant les oiseaux de l'air de leurs fleches inévitables, les autres forçant à la courſe les chevreuils, moins agiles qu'eux. La proie arrive en affluence; & le feſtin eſt préparé.

Aſſis à côté du Cacique, & au milieu de ſa famille, Las-Caſas s'inſtruit de leurs loix, de leurs mœurs & de leur police. La nature eſt leur guide & leur légiſlateur. S'aimer, s'aider mutuellement, éviter de ſe nuire; honorer leurs parens, obéir à leur Roi; s'attacher à une compagne, qui les ſoulage dans leurs travaux, & qui leur donne des enfans, ſans que le ſoupçon même de l'infidélité trouble cette union paiſible; cultiver en commun leurs champs, & s'en diſtribuer les fruits : telle étoit leur ſociété.

Hé bien, dit Las-Caſas, c'eſt la loi de mon Dieu, qu'il a gravée dans vos ames : vous le ſervez ſans le connoître; & c'eſt ſa voix qui vous conduit.

« Ton Dieu! il eſt notre ennemi, dit » le Cacique; il eſt le Dieu des Eſpa- » gnols. — Le Dieu des Eſpagnols n'eſt

CHAPITRE XIII.

» point votre ennemi : il est le Dieu de
» la nature entiere ; & nous sommes tous
» ses enfans. — Ah ! s'il est vrai, dit le
» Cacique, nous cherchons un Dieu qui
» nous aime ; celui de Las-Casas doit
» être juste & bon, & nous voulons bien
» l'adorer. Hâte-toi, fais-le nous con-
» noître ». Alors, se livrant à son zele,
Las-Casas leur fit de son Dieu une peinture si sublime & si touchante, que le Cacique, se levant avec transport, s'écria :
« Dieu de Las-Casas, reçois nos vœux » !
Et tout son Peuple répéta ces mots après lui.

Dans ce moment, le Cacique, regardant le Solitaire, crut voir sur son visage un éclat tout divin : car la piété l'animoit ; il étoit rayonnant de joie. « Ecoute,
» lui dit-il ; ton Dieu ne se fait-il jamais
» voir aux hommes ? — Ils l'ont vu, ré-
» pondit Las-Casas ; il a même daigné
» habiter parmi eux. — Sous quels traits ?
» — Sous les traits d'un homme. — Acheve.
» N'es-tu pas toi-même ce Dieu, qui

» vient nous consoler ? — Moi ! — Si tu
» l'es, cesse de nous cacher ce que tant
» de vertu annonce. Parle. Nous allons
» t'adorer ».

Barthelemi se confondit dans une humilité profonde, & rejeta loin cette erreur. Mais avant d'exposer des vérités sublimes à l'incrédulité de ces foibles esprits, il voulut savoir quel étoit leur culte. « Hélas ! dit le Cacique, nous ado-
» rions le tigre, comme le plus terrible
» de tous les animaux. Mais que ton
» Dieu n'en soit point jaloux. C'étoit le
» culte de la crainte, & non pas celui
» de l'amour. — Allons, allons, dit
» Las-Casas, renverser cette horrible
» idole ». Et les Indiens, animés du zele qu'il leur inspiroit, couroient au temple sur ses pas.

❋

NOTE.

(a) S*ans rallentir sa courſe*]. On lit dans l'hiſtoire générale des voyages, que dans la Province de Vénézuéla les tigres ſont ſi terribles, qu'il n'eſt pas rare de les voir entrer dans les cafés des Indiens, ſaiſir un homme, & l'emporter dans leur gueule auſſi facilement qu'un chat emporte une ſouris.

CHAPITRE XIV.

D'une grotte profonde, voisine de ce temple, Barthelemi crut entendre sortir des gémissemens. « Qu'est-ce, demanda-t-il ? — Passons, dit le Cacique. Epargne à tes amis la honte de te montrer des malheureux ». Sans vouloir insister, Barthelemi s'avance jusqu'à ce temple abominable, où l'on voyoit le Dieu tigre sur un autel rougi de sang. « Quel est le sang, demanda-t-il encore, qu'on a versé sur cet autel ? — Celui des animaux, répondit le Cacique, & quelquefois..... — Acheve. — Celui des Espagnols. — Des Espagnols ! — Lorsqu'ils pénetrent jusqu'au bord de ces forêts, il faut bien les tuer, ou les prendre vivans. Et que faire de ces captifs, à moins que de les immoler ? S'il s'en échappoit un seul, notre asyle seroit connu, & notre perte inévitable. Tu

Que fais tu ? ne sommes-nous pas Freres: n'es-tu pas mon égal.

» viens d'entendre les plaintes d'un mal-
» heureux jeune homme, qui nous fait
» compassion. Je ne puis me résoudre à
» le faire mourir. Cependant il faut bien
» qu'il meure ; car, s'il nous échappoit,
» il iroit nous trahir ».

Las-Casas demande à le voir ; & après avoir fait briser l'autel & l'idole du tigre, il retourne vers la prison où le jeune homme est enfermé.

Le captif, en voyant entrer ce Religieux vénérable, ne douta point que ce ne fût encore un nouveau martyr de la Foi, qu'on alloit immoler. « O mon
» pere, venez, dit-il, m'encourager par
» votre exemple ; venez apprendre à un
» jeune homme à se détacher de la vie,
» à mourir courageusement ».

Mais dès qu'il s'apperçut que le Solitaire étoit libre, qu'il commandoit aux Indiens de s'éloigner, & que ceux-ci lui obéissoient : « Ah ! reprit-il, que vois-je ?
» & quel est cet empire que vous exer-
» cez parmi eux ? Êtes-vous un ange du

» ciel, descendu pour ma délivrance ?
» Parlez. Dites-moi qui vous êtes. Je sens
» revenir l'espérance dans ce cœur qu'elle
» abandonnoit ».

« Je suis Espagnol comme vous, lui
» dit le Solitaire ; mais, n'ayant jamais
» trempé dans les crimes de ma patrie,
» je suis libre & chéri parmi les Indiens.
» — Hélas ! & moi, lui dit Gonsalve,
» (c'étoit le nom du jeune homme)
» qu'ai-je fait, que je n'aie dû faire, &
» dont j'aie pu me dispenser ? Je suis le
» fils de Davila, du Gouverneur de
» l'Isthme : il m'avoit envoyé à la pour-
» suite des Sauvages. Mes compagnons
» & moi, à travers les forêts, nous avons
» pénétré dans ce vallon ; les Indiens
» nous ont enveloppés, nous ont accablés
» sous le nombre ; les plus heureux des
» miens ont péri dans le combat ; le reste
» a été pris, & sur l'autel du tigre je les
» ai vus tous immolés. Moi seul ils m'épar-
» gnent encore ; soit que ma jeunesse ait
» touché ces inhumains, & que mes larmes

» leur inspirent quelque pitié ; soit que
» leur cruauté m'ait voulu réserver pour
» un nouveau sacrifice ; ils me laissent
» languir dans cet horrible abandon, &
» dans l'attente de la mort, plus cruelle
» que la mort même. Hélas ! pardonnez
» à mon âge un excès de foiblesse, dont
» je rougis en l'avouant. La vie m'est
» chere. Il m'est affreux de la quitter à
» son aurore. Elle devoit avoir tant de
» charmes pour moi ! Il m'eût été si doux
» de revoir ma patrie ! Et quand je pense
» que ces beaux jours, ces jours déli-
» cieux que j'y devois passer, sont éva-
» nouis pour jamais, je tombe dans le
» désespoir. Si du moins j'étois mort au
» milieu des combats, & par les mains
» d'un ennemi digne d'honorer mon cou-
» rage ! Mais ici, mais sur les autels d'un
» Peuple stupide & féroce, me sentir
» tout vivant déchirer les entrailles, &
» voir, aux pieds du tigre, allumer mon
» bûcher ! Cette destinée est affreuse. Ah !
» s'il se peut, délivrez-moi de ces mains

» inhumaines ; rendez-moi à mon pere. Il
» n'a que moi. Je suis son unique espé-
» rance ; ces barbares l'en ont privé ».

« Mon ami, lui dit Las-Casas, que
» vous êtes loin encore d'être changé par
» le malheur ! Vous, fils de Davila, vous
» appellez barbares ces Peuples, dont
» lui-même il fait, depuis dix ans, le
» massacre le plus horrible ! Hélas ! com-
» bien de peres, privés par ses fureurs de
» leur seule & douce espérance, se sont
» vus égorgés eux-mêmes, en implorant
» à ses genoux la grace de leurs enfans ! Il
» a versé plus de flots de sang, que vous
» n'en avez de gouttes dans les veines;
» & le Peuple enfermé dans ces forêts
» profondes, n'est que le malheureux
» débris de ceux qu'il a exterminés. Vous
» voyez qu'il poursuit encore ce qui lui
» en est échappé. Ils sont perdus, s'il les
» découvre ; & lui rendre son fils, vous
» l'avouerez vous-même, ce seroit risquer
» qu'un secret, d'où leur salut dépend,
» ne lui fût révélé. — Ah ! gardez-vous,

» lui dit Gonfalve, de leur apprendre qui
» je fuis. — Moi ! dit Las-Cafas, les
» tromper ! leur cacher le péril de votre
» délivrance ! Non; ce feroit leur tendre
» un piege. Si je parle pour vous, je dirai
» qui vous êtes; on faura ce que je de-
» mande, ce qu'on rifque à me l'accorder.
» Ou mon filence, ou ma franchife; c'eft
» à vous de choifir. — Choifir ! De tous
» côtés je ne vois que la mort. Je m'aban-
» donne à vous. — Reprenez donc cou-
» rage. Mais tirez de l'état où vous êtes
» réduit, cette utile & grande leçon, que
» le droit de la force eft un droit odieux;
» que fi les Indiens l'exerçoient à leur
» tour, & fe permettoient la vengeance,
» il n'eft point de fupplice auquel ne dût
» s'attendre le fils du cruel Davila; que
» l'état naturel de l'homme eft la foibleffe;
» qu'à votre place, il n'en eft point qui
» ne fût timide & tremblant ; que l'or-
» gueil, dans un être fi voifin du malheur,
» eft le comble de la démence; & qu'ex-
» pofé lui-même chaque jour à devenir

» un objet de pitié, il eſt auſſi inſenſé
» que méchant, lorſqu'il oſe être impi-
» toyable ».

Las-Caſas, de retour auprès de Capana : « Cacique, lui dit-il, n'es-tu pas
» ſoulagé, comme d'un joug triſte &
» pénible, de ne plus adorer un être mal-
» faiſant, & de ſervir un Dieu clément
» & juſte ? — Il eſt vrai, lui dit le Ca-
» cique, que nos cœurs, flétris par la
» crainte, ſemblent ranimés par l'amour.
» — Oui, mon ami, l'homme eſt fait
» pour aimer. La haine, la vengeance,
» toutes les paſſions cruelles ſont pour lui
» un état de gêne, d'angoiſſe & d'aviliſ-
» ſement. Il ſe ſent élever, il ſent qu'il ſe
» rapproche de l'être excellent qui l'a
» fait, à meſure qu'il eſt plus doux, plus
» magnanime. Etouffer ſon reſſentiment,
» & triompher de ſa colere ; oppoſer les
» bienfaits à l'injure qu'on a reçue, en
» accabler ſon ennemi ; c'eſt un plaiſir
» vraiment divin. — Je le conçois, dit le
» Cacique. — Non, tu ne peux le concevoir

Chapitre XIV.

» avant de l'avoir éprouvé. Mais il ne
» tient qu'à toi de jouir pleinement de ce
» plaisir pur & célefte. Fais venir ce jeune
» captif, qui tremble & gémit dans tes
» chaînes, & dis-lui, en le délivrant :
» Fils du défolateur de l'ifthme, fils du
» meurtrier de nos peres, de nos femmes,
» de nos enfans, fils de Davila, je par-
» donne à ton âge & à ta foibleffe. Vis,
» apprends d'un Sauvage à imiter ton
» Dieu. — Le fils de Davila ! s'écria le
» Cacique ; quoi ! c'eft lui que je tiens
» captif » ! A ces mots, fes yeux irrités
s'enflammerent comme la foudre. « Oui,
» c'eft le fils de Davila, reprit le Solitaire
» avec un air tranquille, c'eft lui que tu
» peux déchirer, dévorer même fi tu veux.
» Mais écoute-moi. A peine ta vengeance
» fera-t-elle affouvie, tu feras trifte, &
» tu diras : Le voilà égorgé ; & fon fang
» répandu ne rend la vie à aucun des
» miens : ma fureur eft donc inutile : j'ai
» fait périr le foible, peut-être l'innocent ;
» & je fuis coupable fans fruit..... Sa

» vie est dans tes mains; choisis de renon-
» cer à mon Dieu ou à ta vengeance; &
» reprends le culte du tigre, si tu veux
» t'abreuver de sang ».

« J'adore le Dieu de Las-Casas, dit le
» Cacique. Mais toi-même, crois-tu qu'il
» me commande de laisser impunis tous
» les maux qu'un barbare nous fait depuis
» dix ans ? — Oui, la loi de mon Dieu
» te prescrit le pardon & l'amour de tes
» ennemis. — L'amour ! — Ne sont-ils pas
» ses enfans comme toi? Ne les aime-t-il
» pas lui-même ? Et peux-tu adorer le
» pere, sans aimer les enfans ? Plains-les
» d'être coupables, & souhaite qu'ils
» cessent d'être méchans ; mais ne sois
» pas méchant comme eux, & mérite par
» ta clémence que ton Dieu en use envers
» toi ».

« Tu me confonds; mais tu me touches,
» dit le Cacique. Allons, qu'exiges-tu de
» moi? Qu'au fils du cruel Davila je par-
» donne comme à mon frere ? J'y con-
» sens. Qu'on l'amene ici. Je briserai sa
» chaîne,

CHAPITRE XIV.

» chaîne, & je l'embrasserai. Mais qu'en
» ferai-je, après lui avoir permis de vivre?
» S'il s'échappe, il divulguera le secret
» de notre asyle; & tu auras perdu tes
» amis. — J'ai cette crainte comme toi,
» lui répondit le Solitaire; & je ne veux,
» quant à présent, qu'adoucir sa capti-
» vité ».

Gonsalve attendoit avec impatience le retour de Las-Casas. « Hé bien, lui dit-il
» en tremblant, qu'avez-vous obtenu?
» — Qu'on vous laisse la vie. — Ah! mon
» pere! Et la liberté, l'ai-je perdue pour
» jamais? — Je vous ai dit que le salut
» de ces malheureux Indiens tient au
» secret de leur asyle. — Je le sais; mais
» répondez-leur qu'il ne sera jamais trahi
» par moi. — Comment répondrois-je de
» vous, dit le Solitaire? A votre âge on
» ne répond pas de soi-même. C'est à
» vous de gagner l'estime du Cacique,
» & d'obtenir, avec le temps, qu'il
» daigne se fier à vous. — Et lui avez-
» vous dit qui je suis, demanda Gonsalve?

» — Oui sans doute. — Je suis perdu. — Non,
» vous ne l'êtes pas. Je vais vous mener
» devant lui ».

« Jeune homme, lui dit le Cacique
» en le voyant, adores-tu le Dieu qu'a-
» dore Las-Casas ? — Oui, répond Da-
» vila. — Crois-tu que nous soyons enfans
» de ce Dieu, comme toi ? — Je le crois.
» — Nous sommes donc freres ? Pour-
» quoi venir tremper tes mains dans
» notre sang ? — J'obéissois. — A qui ?
» — Vous le savez assez. — Oui, je sais
» que tu es né du plus méchant des
» hommes, & du plus cruel envers nous.
» Mais Las-Casas me dit que son Dieu
» & le mien m'ordonne de te pardon-
» ner. Je te pardonne. Viens, embrasse
» ton ami ». Le jeune homme, à ces
mots, tombe aux pieds du Cacique.
« Que fais-tu, lui dit le Sauvage ?
» Ne sommes-nous pas freres ? N'es-tu
» pas mon égal » ? il dit ; & lui tendant
la main, il le délivra de ses chaînes.
Barthelémi, témoin de ce spectacle,

avoit le cœur saisi de joie & d'attendrissement. « Davila, dit-il au jeune » homme, voilà, voilà de vrais Chré- » tiens »!

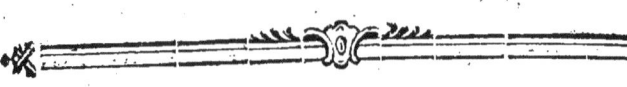

CHAPITRE XV.

Gonsalve fut, dès ce moment, parmi les Indiens, comme dans sa patrie, & comme au sein de sa famille. On le gardoit, mais sans contrainte; & la seule liberté qu'il n'eût pas, étoit celle de s'échapper. Las-Casas le voyoit sans cesse. Il eût voulu lui faire aimer la vie heureuse & simple de ce Peuple Sauvage; mais le jeune homme ne l'écoutoit qu'en poussant de profonds soupirs. « Me voilà, » disoit-il, instruit par le malheur, par » vos leçons, par leur exemple; qu'ils » daignent se fier à moi, & me mettre » en état de détromper mon pere, de » le fléchir, de lui apprendre à les con- » noître, à les aimer. Ils m'ont déja laissé » la vie; je leur devrai la liberté. Ces » bienfaits toucheront un pere. Il cédera » aux larmes de son fils ».

A cet âge on ne sait pas feindre avec

tant d'art & de noirceur ; & Las-Cafas ne doutoit pas que Gonfalve ne fût fincere ; mais il le connoiffoit trop foible, pour ofer compter fur fa foi. « Vous êtes
» fans doute à préfent bien déterminé,
» lui dit-il, à ne pas trahir ce bon Peuple;
» mais je prévois tout l'afcendant d'un
» pere ; & je ne répondrai jamais qu'il
» ne vienne à bout de furprendre ou d'ar-
» racher votre fecret. Ce que je vous dis
» là, je l'ai dit de même au Cacique.
» C'eft lui que le péril regarde, c'eft à lui
» de fe confulter.

» Je laiffe, dit-il à Capana, ton captif
» dans l'affliction. Il foupire ardemment
» pour la liberté. Je t'ai fait voir tout le
» danger de le renvoyer à fon pere ; mais
» je ne dois pas te diffimuler l'avantage
» de ce bienfait. Il peut arriver que fon
» pere vous découvre; & alors vous auriez
» pour appui ce jeune homme, à qui ta
» clémence auroit fait un devoir facré de
» ne t'abandonner jamais. L'amour pa-
» ternel a des droits fur les tyrans les plus

» farouches. C'est le dernier endroit sen-
» sible par où leur ame s'endurcit. Après
» cela, décide-toi sur le parti que tu dois
» prendre : j'ignore comme toi quel seroit
» le plus sage, & tu sais aussi bien que
» moi quel seroit le plus généreux.

» Pour moi, dépourvu des moyens de
» célébrer ici nos augustes mysteres, d'y
» établir le sacerdoce, & d'y perpétuer
» le culte des autels, je vais vous cher-
» cher des Pasteurs, & peut-être vous
» assurer un repos plus tranquille. Adieu.
» Je demande au ciel, & j'espere de
» vous revoir, avant de descendre au
» tombeau ».

La désolation du jeune Davila fut extrême, quand il apprit que Las-Casas l'abandonnoit. Il alla se jeter aux pieds du Cacique. « Ah ! lui dit-il, pourquoi
» te défier d'un malheureux qui te doit
» tout ? La nature m'a fait un cœur sen-
» sible comme à toi ; mais eût-elle mis
» à la place le cœur du tigre que tu
» adorois, tes vertus l'auroient attendri.

» Tu m'as appellé ton ami ; tu m'as em-
» braſſé comme un frere ; va, je ne l'ou-
» blierai jamais : je ne ſuis ingrat ni per-
» fide. Il y va de ta vie & du ſalut de
» tes amis, que ton aſyle ſoit inconnu ;
» il le ſera par mon ſilence. J'en atteſte
» mon Dieu, ce Dieu qui eſt devenu le
» tien ».

« Oui, je te crois ſenſible & bon, dit
» le Cacique ; mais tu es foible ; &
» l'homme foible eſt toujours à la veille
» d'être méchant. Comment braverois-tu
» l'autorité d'un pere ? tu n'as pas ſu bra-
» ver la mort. — La mort m'a cauſé de
» l'effroi, je l'avoue, dit le jeune homme
» en ſe levant avec fierté ; mais ſi, pour
» éviter la mort, tu m'avois propoſé un
» crime, tu aurois vu lequel des deux
» m'auroit le plus épouvanté. Puiſque je
» n'ai pas ton eſtime, je ne te demande
» plus rien. Je renonce à la liberté ; je
» te diſpenſe même de me laiſſer la vie ».
A ces mots il ſe retira.

Le Cacique, qui le ſuivoit des yeux,

& qui le voyoit abattu de tristesse, sentit lui-même, comme un poids dont son cœur étoit oppressé, la dureté de son refus. Il fit appeller Las-Casas. « Emmene » avec toi ce jeune homme, lui dit-il : » sa douleur me pese & me fatigue : la » présence d'un malheureux est insuppor- » table pour moi. — As-tu bien réfléchi, » lui dit le Solitaire ? — Oui, je sais qu'un » mot de sa bouche nous perd, mon » Peuple & moi, nous livre à nos tyrans; » mais la pitié l'emporte sur la crainte : » je ne veux plus le voir souffrir ».

Si l'on a vu des enfans vertueux, aux funérailles de leur pere, d'un pere tendre & bien aimé, c'est l'image de la douleur des Indiens, au départ de Las-Casas. Le Cacique & son Peuple, le visage abattu, les yeux baissés & pleins de larmes, l'accompagnerent en silence jusqu'au bord de la forêt. Là, il fallut se séparer.

Témoin de leurs tristes adieux, Gonsalve renfermoit sa joie. Le Cacique, ôtant son colier, le jeta au col du jeune

homme, l'embraſſa, & lui dit : « Sois
» toujours notre ami ; & ſi jamais tu étois
» preſſé par nos tyrans de leur découvrir
» où nous ſommes, regarde ce colier,
» ſouviens-toi de Las-Caſas, & demande
» à ton cœur ſi tu dois nous trahir ».

Les deux Eſpagnols, ſur la foi de leurs guides, s'en allant à travers les bois, ſe retraçoient les mœurs & le naturel des Sauvages. Vint un moment où Las-Caſas, regardant le jeune Davila : « Vous voyez, lui
» dit-il, ſi, comme on le prétend, ils ſont
» indignes du nom d'hommes, & s'il eſt
» mal-aiſé d'en faire des Chrétiens.
» L'homme n'eſt indocile que pour ce
» qui répugne au ſentiment de la bonté.
» Il ne ſe refuſe jamais aux vérités qui
» le conſolent, qui le ſoulagent dans ſes
» peines, & qui lui font chérir ces deux
» préſens du ciel, la vie & la ſociété. Que
» ces vérités paſſent ſa foible intelligence,
» pourvu qu'elles touchent ſon cœur, il
» en ſera perſuadé : il croit tout ce qu'il
» aime à croire. Toute la nature à ſes

» yeux est un mystere assurément ; hé
» bien, voit-on qu'en jouissant de ses bien-
» faits, il lui reproche l'obscurité de ses
» moyens ? Il en sera de même de la Reli-
» gion : plus elle fera d'heureux, moins
» elle trouvera d'incrédules ».

« Mais, reprit Gonsalve, peut-on dissi-
» muler ce qu'elle a d'affligeant, ce qu'elle
» a d'effrayant pour l'homme ? — Elle n'a
» rien que d'attrayant, d'encourageant
» pour la vertu, de consolant pour l'inno-
» cence, lui répondit le Solitaire ; & je
» n'en veux pas davantage pour la faire
» adorer par-tout. De bonnes loix gênent
» le vice, épouvantent le crime, affligent
» les méchans ; & l'on aime de bonnes
» loix, parce qu'il dépend de chacun d'en
» recueillir les fruits, & d'être heureux
» par elles. On aimera de même une Re-
» ligion qui, comme ces loix salutaires,
» est favorable aux gens de bien, rigou-
» reuse aux méchans, & indulgente aux
» foibles. Mais, en la professant dans
» cette pureté, on ne peut opprimer

» personne ; on ne s'abreuve point de sang ;
» on est obligé d'être humain, juste, pa-
» tient, secourable, & sur-tout désinté-
» ressé; de joindre l'exemple au précepte,
» d'instruire par ses bonnes œuvres, &
» de prouver par ses vertus. L'orgueil &
» la cupidité ne peuvent se forcer à ces
» ménagemens ; le droit du glaive est plus
» commode ; & avec d'odieux prétextes,
» dont les passions s'autorisent, on se per-
» met la violence, la rapine & le brigan-
» dage jusqu'aux excès les plus crians »...
Le Solitaire, à ces mots, s'apperçut que
le fils de Davila baissoit les yeux, & que
la rougeur de la honte se répandoit sur
son visage. « Pardonne, lui dit-il, jeune
» homme. Je t'afflige. C'est le ciel qui
» te l'a donné, ce pere rigoureux. Tout
» injuste qu'il est, ne cesse jamais de
» l'aimer, de le respecter, de le plaindre.
» Seulement ne l'imite pas ».

On arrive à Crucès. Les Indiens s'é-
loignent ; Barthelemi & Gonsalve, au
moment de se séparer, s'embrassent

tendrement. « Adieu. Tu vas revoir ton
» pere, dit le Solitaire au jeune homme;
» souviens-toi du Cacique, daigne penser
» à moi. Je n'entendrai point tes paroles;
» mais Dieu sera présent; & ton cœur lui
» a juré d'être fidele aux Indiens ».

Gonsalve retourne à Panama; & Las-Casas descend le fleuve jusqu'à la côte orientale, où un navire le reçoit, & va le porter au rivage que baigne l'Ozama, en épanchant son onde dans le sein du vaste Océan.

CHAPITRE XVI.

Dom Pedre Davila pleuroit l'héritier de son nom, avec les larmes de l'orgueil, de la rage & du désespoir. En le voyant, il se livra à tous les transports de la joie. « Le ciel, lui dit-il, ô mon fils, le ciel te
» rend aux vœux d'un pere. Mais tous ces
» braves Castillans qui t'accompagnoient,
» que sont-ils devenus ? — Ils sont morts,
» répondit Gonsalve. Les Indiens poursui-
» vis, nous ont enfin résisté ; & nous avons
» succombé sous le nombre. Ils me tenoient
» captif ; ils ont su qui j'étois ; & leur
» Chef m'a laissé la vie, & m'a rendu la
» liberté. O mon pere ! si vous m'aimez,
» qu'un procédé si généreux vous touche
» & vous désarme »..... Le tyran ne l'écoutoit pas. Interdit, indigné de voir qu'après le vaste & long carnage qu'il avoit fait des Indiens, ils se défendissent encore, il ne cherchoit que le moyen

d'achever leur ruine, sans être sensible au bienfait qui seul auroit dû le toucher. « Oui, dit-il, je reconnoîtrai ce qu'ont » fait pour toi les Sauvages. Dis-moi où » tu les a laissés, & où s'est passé le » combat ».

« Il seroit mal-aisé de retrouver mes » traces dans ces déserts, lui répondit » Gonsalve; & je me suis laissé conduire, » sans savoir moi-même où j'allois, d'où » je venois »......

« J'entends, reprit le pere, en obser- » vant son trouble : ils t'ont fait promettre » sans doute de ne pas m'indiquer leur » marche & leur retraite, & tu te crois » lié par tes sermens » ?

« Si j'avois promis, je tiendrois parole, » dit le jeune homme; & je leur dois assez » pour ne pas les trahir ».

« Des nœuds plus sacrés vous engagent » à votre Dieu, à votre Roi, à votre » patrie, à moi-même, insista le tyran. » Vous avez vu tomber sous les coups » des Sauvages la moitié des miens;

» voulez-vous qu'ils en exterminent le
» reste ? En vous laissant la vie, ont-ils
» brisé leurs arcs ? ont-ils promis de ne
» plus tremper leurs traits dans ce venin
» mortel qu'ils ont inventé, les perfides ?
» Obéissez à votre pere ; & demain soyez
» prêt à nous servir de guide ; car je veux
» marcher sur leurs pas ».

Gonsalve, réduit au choix, ou de trahir les Sauvages, ou de tromper son pere, ou de refuser d'obéir, prit le parti de la franchise, & déclara que de sa vie il ne contribueroit au mal qu'on feroit à ses bienfaicteurs. Davila devint furieux ; mais son fils, avec modestie, soutint sa résolution ; & le reproche & la menace n'ayant pu l'ébranler, on eut recours à l'artifice.

Fernand de Luques fut choisi pour ce ministere odieux. Il alla trouver le jeune homme. « Davila, lui dit-il d'un ton
» affectueux & d'un air pénétré, vous
» ferez mourir votre pere. Il vous aime;
» j'ai vu couler pour vous ses larmes

» paternelles ; & vous ne lui êtes rendu
» que pour l'accabler de douleur. — Ah !
» répondit le jeune homme, qu'il me
» demande ma vie, & non pas une tra-
» hison. — Si c'étoit une trahison, seroit-ce
» moi, dit le perfide, qui vous presseroit
» d'obéir ? Le sort des Indiens me touche
» autant que vous. Mais, en irritant votre
» pere, vous les perdez ; & c'est sur eux
» que sa colere tombera. Il est mortelle-
» ment blessé de votre résistance. Mon
» fils me méprise & me hait, dit-il : plus
» attaché à ce Peuple barbare, qu'à son
» Prince, qu'à moi & qu'à son Dieu
» lui-même, il ne connoît plus qu'un de-
» voir, celui de la rébellion : il n'ose se
» fier à ma reconnoissance ; & il me croit
» moins généreux qu'un misérable Indien.
» Non, Davila, ce n'étoit pas ainsi qu'il
» falloit servir les Sauvages. Touché de
» leur humanité, & plus sensible encore
» à votre confiance, je sais que votre
» pere se fût laissé fléchir. Mais si, par
» eux, il a perdu l'estime & l'amour de
» son

» son fils, peut-il leur pardonner ja-
» mais »?

« Non, il n'a rien perdu de ses droits
» sur mon cœur, reprit Gonsalve : mon
» respect, mon amour pour lui sont les
» mêmes. Qu'il daigne ne me deman-
» der rien que d'innocent & de juste,
» il est bien sûr d'être obéi. Mais que
» veut-il de moi ? & pourquoi s'obstiner
» à me rendre ingrat & perfide ? S'il veut
» poursuivre encore ce Peuple malheu-
» reux, ce n'est pas à moi d'éclairer ses
» recherches impitoyables ; & s'il consent
» à l'épargner, il n'a pas besoin de savoir
» en quels lieux il respire en paix. Pour
» prix du salut de son fils, les Sauvages
» ne lui demandent que de vivre éloignés
» de lui, & inconnus, s'il est possible.
» L'oubli sera pour eux le plus grand de
» tous les bienfaits ».

« Vous ne pensez donc pas, lui dit
» Fernand, que répandus dans les forêts,
» on ne peut les instruire ; qu'ils vivent
» sans culte & sans loix ? — Ils sont

Tome I. O

» Chrétiens, dit le jeune homme. Qu'on
» leur laisse adorer, dans leur simplicité,
» un Dieu qu'ils servent mieux que nous.
» — Ils sont Chrétiens ! Ah ! s'il est vrai,
» reprit le fourbe, doutez-vous qu'on n'use
» envers eux d'indulgence & de ména-
» gement ? Reposez-vous sur moi du soin
» du salut de nos freres. Je les protégerai;
» je les porterai dans mon sein. — Hé
» bien, protégez-les, en obtenant qu'on
» les oublie. Ils ne demandent rien de
» plus ».

« Ah ! Gonsalve, vous voulez donc
» être chargé d'un parricide ! Ils sortiront
» de leurs forêts, ils nous dresseront des
» embûches ; votre pere, que sa valeur
» expose, y tombera : ce sera vous qui
» l'aurez livré en leurs mains. La fleche
» empoisonnée qui percera son cœur, ce
» sera vous qui l'aurez lancée ».

A ces mots, Gonsalve frémit. Mais,
se rappellant Las-Casas : « M'auroit-il
» conseillé un crime, dit-il en lui-même ?
» Ah ! Je sens que la nature est d'accord

CHAPITRE XVI.

» avec lui. Cessez de me tenter, reprit-il,
» en parlant au fourbe. La voix intime de
» mon cœur s'éleve contre vos reproches,
» & me parle plus haut que vous ».

Fernand, interdit & confus de l'inutilité de son odieuse entremise, dit à Davila que son fils étoit tombé dans l'endurcissement; qu'il falloit qu'on l'eût perverti; & que tant d'obstination étoit au-dessus de son âge.

Dès ce moment Gonsalve, odieux à son pere, pleuroit nuit & jour son malheur.

« Va-t-en, fils indigne de moi, lui dit
» ce pere inexorable, après une nouvelle
» épreuve; va-t-en. Fuis loin de moi. Je
» ne veux plus souffrir tes outrages, ni ta
» présence. Malheur à ceux qui de mon
» fils, d'un fils obéissant, respectueux,
» fidele, ont fait un rebelle obstiné ».

« Ah! mon pere, dit le jeune homme,
» en tombant à ses pieds, tout baigné de
» ses larmes, est-il possible que le refus
» d'être ingrat, perfide & parjure, m'attire

» un si dur traitement ? Qu'exigez-vous
» de moi ? Quelle haine obstinée portez-
» vous à ces malheureux ? Ah ! si vous
» aviez vu leur Roi, briser ma chaîne,
» m'embrasser, m'appeller son ami, son
» frere, me demander avec douceur quel
» mal ils nous ont fait, & pourquoi l'on
» oublie qu'ils sont des hommes comme
» nous ; vous-même, oui vous-même,
» mon pere, vous me feriez un crime de
» l'infidélité dont vous me faites une loi.
» Il m'est affreux de vous déplaire ; mais
» il me seroit, je l'avoue, plus affreux
» de vous obéir. Ne me réduisez point à
» ces extrêmités. Ayez pitié d'un fils que
» votre haine accable, & qui même, en
» vous irritant, se croit digne de votre
» amour. — Non, je n'ai plus de fils, &
» tu n'as plus de pere. Délivre-moi d'un
» traître que je ne puis souffrir ».

Gonsalve, abattu, consterné, sortit du palais de son pere, & lui fit demander quel lieu il lui marquoit pour son exil. « Les forêts, les cavernes, qui recellent

» sans doute les lâches qu'il m'a préférés, » répondit le pere inflexible ».

Le jeune homme reprit le chemin de Crucès ; & en s'en allant, à travers le vaste silence des bois, il pleuroit ; mais il se disoit à lui-même : « Je désobéis à » mon pere, je l'afflige & l'irrite au point » qu'il m'éloigne à jamais de lui, & je ne » sens dans ma douleur aucune atteinte » de remords ; au lieu qu'en lui obéissant, » & en poursuivant les Sauvages, mon » cœur en étoit dévoré. Il est donc des » devoirs plus saints que la soumission » aux volontés d'un pere ? Notre pre- » miere qualité, sans doute, est celle » d'homme : notre premier devoir est » d'être humain ».

L'abandon où il étoit réduit, la douleur où il étoit plongé, l'imprudence & la bonne foi de son âge ne lui permirent pas de voir le piége qu'on lui avoit tendu. Les Sauvages, qui dans ce lieu même l'avoient vu avec Las-Casas, ne se défioient pas de lui : il leur avoua son

malheur, sans en dissimuler la cause. « Eh
» bien, lui dirent-ils, pourquoi, si tu ne
» veux que vivre en paix & sans reproche,
» ne pas retourner au vallon ? Une ca-
» bane, une douce compagne, notre
» amitié, ton innocence seront tes biens.
» Suis-nous : le Cacique aura soin de te
» faire oublier l'injustice d'un mauvais
» pere ». Il suivit ce conseil funeste. Mais
lorsqu'il eut percé l'obscurité des bois,
& qu'en revoyant le vallon, son cœur
soulagé commençoit à sentir renaître la
joie, quels furent son étonnement & sa
douleur, de se voir tout-à-coup entouré
d'Espagnols qui lui ordonnoient, au nom
du Vice-Roi son pere, de retourner avec
eux à Crucès. A la vue des Espagnols,
deux Indiens, qu'il avoit pris pour
guides, se sauverent dans le vallon, & y
répandirent l'allarme. Dès ce moment
plus de sûreté pour le Cacique & pour
son peuple : leur asyle étoit découvert.

Le malheureux jeune homme, remmené à Crucès, prenoit la terre & le

CHAPITRE XVI.

ciel à témoins de son innocence. Il apprit qu'un navire alloit faire voile pour l'Isle Espagnole. Il fit demander à son pere qu'il lui fût permis d'y passer, pour lui épargner, disoit-il, le spectacle de sa douleur. Le pere y consentit, soit pour se délivrer d'un témoin dont la vue l'accuseroit sans cesse, soit pour lui laisser exhaler dans cet exil volontaire l'amertume de ses regrets. « Ah! dit Gonsalve
» en quittant ce rivage, je ne reverrai
» plus mon pere. Il m'a surpris; il m'a
» rendu parjure & traître aux yeux de
» mes amis. Non! je ne le reverrai plus ».

Il arrive à l'Isle Espagnole; il demande où est Las-Casas; il va se jetter dans son sein, & lui dit son malheur, qu'il appelle son crime, avec tous les regrets d'un cœur coupable & consterné.

« Mon ami, lui dit Las-Casas après
» l'avoir entendu, vous avez fait une
» imprudence: mais votre cœur est inno-
» cent. Ce doit être un supplice affreux
» pour un fils honnête & sensible, de

» voir les maux que fait son pere. Vous
» n'en serez plus le témoin. Désormais
» rendu à vous-même, c'est en Espagne
» qu'il faut aller vous offrir à votre patrie,
» &, si elle a besoin de votre sang, le verser
» pour elle sans crime contre de justes
» ennemis. Sollicitez votre départ; & at-
» tendez ici que le roi y consente ».

Gonsalve, après avoir épanché sa douleur au sein du pieux solitaire, sentit son courage renaître, & il resta auprès de son ami, en attendant que le Monarque lui eut permis de quitter ces bords.

CHAPITRE XVII.

Cependant Pizarre avoit mis à la voile ; & déja loin du rivage de l'Isthme, il s'avançoit vers l'équateur. A travers les écueils d'une mer inconnue encore, sa course étoit pénible & lente ; la disette le menaçoit ; & il fallut bientôt risquer l'abord de ces côtes sauvages (*a*) ; mais il trouva par-tout des hommes aguerris. Dès qu'un village est attaqué, ses voisins accourent en foule, & se présentent au combat. Le feu des armes les disperse ; mais leur courage les rassemble. On en fait tous les jours un nouveau carnage ; & tous les jours ces malheureux, dans l'espérance de venger leurs amis, reviennent périr avec eux. Le fer des Espagnols s'émousse ; leurs bras se lassent d'égorger.

Un vieux Cacique, autrefois renommé par sa valeur & sa prudence, mais alors accablé par les travaux & les années, étoit couché au fond d'un antre, & n'attendoit plus que la mort. Les cris de rage, de douleur & d'effroi retentirent jufqu'à lui. Il vit revenir fes deux fils, couverts de fang & de pouffiere, & qui, s'arrachant les cheveux, lui dirent : « C'en eft fait, » mon pere, c'en eft fait ; nous fommes » perdus. — He quoi ! dit le vieillard, en » foulevant fa tête, font-ils en fi grand » nombre, ou font-ils immortels ? Eft-ce » la race de ces géans (*b*) qui, du temps » de nos peres, étoient defcendus fur ces » bords ? — Non, lui répond l'un de fes » fils ; ils font en petit nombre & fem- » blables à nous, à la réferve d'un poil » épais, qui leur couvre à demi la face; » mais fans doute ce font des Dieux : car » les éclairs les environnent, le tonnerre » part de leurs mains : nos amis, écrafés, » nous ont couverts de leur fang : en voilà » les marques fumantes ».

« Je veux demain les voir de près : » portez-moi, dit le vieux Cacique, fur

» cette roche escarpée, d'où j'observerai
» le combat ».

Les Indiens, dès le point du jour, se rassemblerent dans la plaine. Les Castillans les attendoient. Pizarre en parcouroit les rangs avec un air grave & tranquille; sous lui commandoit Aléon, plus superbe & plus menaçant; Molina étoit à la tête des jeunes Espagnols qu'il avoit amenés. Ses yeux étoient baissés, son visage étoit abattu, non de crainte, mais de pitié : on croyoit entendre l'humanité gémir au fond du cœur de ce jeune homme.

Un cri formé de mille cris fut le signal des Indiens; & à l'instant une nuée de fleches obscurcit l'air sur la tête des Castillans. Mais de ces fleches égarées, presque aucune, en tombant, ne porta son atteinte. Pizarre se laisse approcher, & fait sur eux un feu terrible, dont tous les coups sont meurtriers : ceux du canon font des vuides affreux dans la masse profonde des bataillons sauvages. Trois fois elle en est ébranlée; mais la présence du vieux Cacique soutient le courage des siens. Ils s'affermissent, ils s'avancent, & se déployant sur les aîles, ils vont envelopper le petit nombre des Castillans. Pizarre fond sur eux avec son escadron rapide ; & ces flots épais d'Indiens sont entr'ouverts & dissipés. Leur fuite ne présente plus que le pitoyable spectacle d'un massacre d'hommes épars, qui, désarmés & supplians, tendent la gorge au coup mortel. Les bois & les montagnes servirent de refuge à tout ce qui put s'échapper.

Le vieillard, du haut du rocher, contemple ce désastre d'un œil pensif & morne. Il a vu le plus jeune de ses fils brisé comme un roseau par la foudre des Castillans. Son cœur paternel en a été meurtri ; mais l'impression de ce malheur domestique est effacée par le sentiment plus profond de la calamité publique. Il fait rassembler autour de lui ses Indiens, & il leur dit : « Enfans du tigre & du » lion, il faut avouer que ces brigands

» nous surpassent dans l'art de nuire. Ce
» feu meurtrier, ces tonnerres, ces ani-
» maux rapides qui combattent sous
» l'homme, tout cela est prodigieux.
» Mais revenez de l'étonnement que vous
» causent ces nouveautés. L'avantage du
» lieu & du nombre est à vous; profitez-
» en. Qui vous presse d'aller vous jeter
» en foule au-devant de vos ennemis ?
» Pourquoi leur disputer la plaine ? Est-
» elle couverte de moissons ? Ne voyez-
» vous pas la famine, avec ses dents
» aiguës & ses ongles tranchans, qui se
» traîne vers eux ? Elle va les saisir,
» sucer tout le sang de leurs veines, &
» les laisser étendus sur le sable, exténués
» & défaillans. Tenez-vous en défense,
» mais dans l'étroit vallon qui serpente
» entre ces collines. Là, s'ils viennent
» vous attaquer, nous verrons quel usage
» ils feront de ces foudres, & de ces ani-
» maux qui combattent pour eux ».

Le sage conseil du vieillard fut exécuté la nuit même; & quand le jour vint éclairer ces bords, les Espagnols, épouvantés du silence & de la solitude qui régnoient au loin dans la plaine, n'y trouverent plus d'ennemis, que la faim, le plus cruel de tous.

Pizarre à peine eut découvert la trace des Indiens, il résolut de les poursuivre. Les Indiens s'y attendoient. Dans tous les détours du vallon, le vieillard les avoit postés par intervalle, & en petit nombre. « Vous êtes assurés, dit-il, d'échapper à » vos ennemis; & les fatiguer, c'est les » vaincre. Protégés contre leurs tonnerres » par les angles de ces collines, vous les » attendrez au détour. Là, je vous de-» mande, non pas de tenir ferme devant » eux, mais de lancer de près votre pre-» miere fleche, & de fuir jusqu'au poste » qui vous succede & qui les attend au » détour. Je me tiendrai au dernier défilé; » & vous vous rallierez à moi ». Tel fut l'ordre qu'il établit.

Dès que la tête des Castillans se montre au premier détroit du vallon, il part une

CHAPITRE XVII.

volée de fleches ; & l'arc à peine est détendu, les Indiens sont dissipés. On les poursuit ; & on rencontre une nouvelle troupe, qui se dissipe encore, après avoir lancé ses traits.

Pizarre, frémissant de voir que l'ennemi & la victoire lui échappent à chaque instant, part avec la rapidité de l'éclair, & commande à son escadron de le suivre. Le vieillard avoit tout prévu. Les Indiens, dès qu'ils entendent la terre retentir sous les pas des chevaux, gagnent les deux bords du vallon ; & l'escadron, après une course inutile, est assailli de traits lancés comme par d'invisibles mains.

Les Castillans s'irritent de voir couler leur sang, moins furieux encore de leurs blessures que de celles de leurs coursiers. Celui de Pizarre, à travers sa criniere épaisse & flottante, a senti le coup pénétrer. Impatient du trait qui lui est resté dans la plaie, il agite ses crins sanglans ; il se dresse, il écume, il bondit de douleur. Pizarre, en arrachant le trait, est renversé sur la poussiere. Mais, d'un cri menaçant, dont les forêts retentissent, il étonne & rend immobile le coursier tremblant à sa voix. En se relevant, il commande à la moitié des siens de mettre pied à terre, de gravir, l'épée à la main, sur la pente des deux collines, & d'en chasser les Indiens. On lui obéit, on les attaque; & soudain ils sont dispersés.

On les poursuivoit; & Pizarre recommandoit sur-tout qu'on en prît un vivant, pour savoir de lui en quel lieu on trouveroit des subsistances; car ces Peuples avoient caché leurs moissons, leur unique bien.

Ceux des jeunes Sauvages qui portoient le vieillard, après une assez longue course, hors d'haleine, accablés par ce pesant fardeau, virent bientôt qu'ils alloient être pris. Le vieillard leur dit: « Laissez-moi. Sans me sauver, vous vous » perdriez vous-mêmes. Laissez-moi. Je » n'ai plus que quelques jours à vivre. Ce » n'est pas la peine de priver vos enfans » de leurs peres, & vos femmes de leurs
» époux.

CHAPITRE XVII.

» époux. Si mon fils demande pourquoi
» vous m'avez abandonné, répondez-lui
» que je l'ai voulu ».

« Tu as raison, lui dirent-ils. Tu fus
» toujours le plus sage des hommes ». A
ces mots, l'ayant déposé au pied d'un
arbre, ils l'embrasserent en pleurant, &
se sauverent dans les bois.

Les Espagnols arrivent ; le vieillard les
regarde sans étonnement ni frayeur. Ils
lui demandent où est la retraite des Indiens ? Il montre les bois. Ils lui demandent
où est le toit qu'il habite ? Il montre le
ciel. Ils lui proposent de le porter dans
sa demeure ; & d'un coup-d'œil fier &
moqueur, il fait signe que c'est la terre.

Pour l'obliger à rompre ce silence
obstiné, d'abord ils employerent les caresses perfides ; il n'en fut point ému. Ils
eurent recours aux menaces ; il n'en fut
point épouvanté. Leur impatience à la
fin se change en fureur. Ils dressent aux
yeux du vieillard tout l'appareil de son
supplice. Il y jette un œil de mépris.

« Les insensés, disoit-il avec un sourire
» amer & dédaigneux, ils pensent rendre
» la mort effrayante pour la vieillesse !
» Ils prétendent imaginer un plus grand
» mal que de vieillir »! Les Castillans,
outrés de ses insultes, l'attacherent à un
poteau, & allumerent à l'entour un feu
lent, pour le consumer.

Le vieillard, dès qu'il sent les atteintes
du feu, s'arme d'un courage invincible :
son visage, où se peint la fierté d'une
ame libre, devient auguste & radieux; &
il commence son chant de mort.

« Quand je vins au monde, dit-il, la
» douleur se saisit de moi ; & je pleu-
» rois, car j'étois enfant. J'avois beau
» voir que tout souffroit, que tout mou-
» roit autour de moi, j'aurois voulu,
» moi seul, ne pas souffrir ; j'aurois voulu
» ne pas mourir ; & comme un enfant
» que j'étois, je me livrois à l'impatience.
» Je devins homme ; & la douleur me
» dit : Luttons ensemble. Si tu es le plus
» fort, je céderai ; mais si tu te laisses

» abattre, je te déchirerai, je planerai
» sur toi, & je battrai des aîles, comme
» le vautour sur sa proie. S'il est ainsi,
» dis-je à mon tour, il faut lutter ensemble;
» & nous nous prîmes corps à corps. Il y
» a soixante ans que ce combat dure, &
» je suis debout, & je n'ai pas versé
» une larme. J'ai vu mes amis tomber sous
» vos coups; & dans mon cœur j'ai
» étouffé la plainte. J'ai vu mon fils écrasé
» à mes yeux; & mes yeux paternels ne
» se sont point mouillés. Que me veut
» encore la douleur? Ne sait-elle pas qui
» je suis? La voilà qui, pour m'ébranler,
» rassemble enfin toutes ses forces; &
» moi, je l'insulte, & je ris de lui voir
» hâter mon trépas, qui me délivre à ja-
» mais d'elle. Viendra-t-elle encore agiter
» ma cendre? La cendre des morts est
» impalpable à la douleur. Et vous,
» lâches, vous, qu'elle emploie à m'é-
» prouver, vous vivrez; vous ferez sa
» proie à votre tour. Vous venez pour
» nous dépouiller; vous vous arracherez

» nos misérables dépouilles. Vos mains,
» trempées dans le sang indien, se lave-
» ront dans votre sang; & vos ossemens
» & les nôtres, confusément épars dans
» nos champs désolés, feront la paix,
» reposeront ensemble, & mêleront leur
» poussiere, comme des ossemens amis.
» En attendant, brûlez, déchirez, tour-
» mentez ce corps, que je vous aban-
» donne; dévorez ce que la vieillesse n'en
» a pas consumé. Voyez-vous ces oiseaux
» voraces qui planent sur nos têtes?
» Vous leur dérobez un repas; mais vous
» leur engraissez une autre proie. Ils vous
» laissent encore aujourd'hui vous re-
» paître; mais demain ce sera leur tour ».

Ainsi chantoit le vieillard; & plus la douleur redoubloit, plus il redoubloit ses insultes. Un Espagnol (c'étoit Moralès) ne put soutenir plus long-temps les invectives du Sauvage. Il saisit l'arc qu'on lui avoit laissé, le tendit, & perça le vieillard d'une fleche. L'Indien, qui se sentit mortellement blessé, regarda Moralès

CHAPITRE XVII.

d'un œil fier & tranquille : « Ah ! jeune homme, dit-il, jeune homme, tu perds, par ton impatience, une belle occasion d'apprendre à souffrir » ! Il expira ; & les Espagnols, consternés, passerent la nuit dans les bois, sans pouvoir retrouver leur route. Ce ne fut qu'au lever du jour, & au bruit du signal que fit donner Pizarre, qu'ils se rallierent à lui. Mais on s'apperçut que la vengeance du ciel avoit choisi sa victime. Moralès, perdu dans les bois, ne reparut jamais.

NOTES.

(*a*) L'ABORD *de ces côtes Sauvages*]. On a donné à cette plage le nom de *Pueblo quemado*, peuple brûlé.

(*b*) *Est-ce la race de ces géants*]. Voyez Garcil. Liv. 9. chap. 9.

CHAPITRE XVIII.

Pizarre, au milieu de ses compagnons découragés, marquoit encore de la constance, & cachoit, sous un front serein, les noirs chagrins qui lui rongeoient le cœur. Mais, se voyant réduits au choix de périr par la faim, ou par les fleches des Sauvages, ils remontent sur leur navire, &, à force de voile, ils cherchent des bords plus heureux.

Ils découvrent une campagne riante & cultivée, où tout annonce l'industrie & la paix : c'est la côte de Catamès, pays fertile & abondant, dont le Peuple est en petit nombre. Les Espagnols y descendent ; & ce Peuple exerce envers eux les devoirs naturels de l'hospitalité. Mais lui-même, exposé sans cesse aux ravages de ses voisins, il avoue à ses hôtes que chez lui leur asyle seroit mal assuré. « Etran-
» gers, leur dit le Cacique, la nature,

Chapitre XVIII.

» qui nous a fait doux & paisibles, nous
» a donné des voisins féroces. Dites-nous
» si par-tout de même les bons sont en
» proie aux méchans. — Chez nous, lui
» dit Pizarre, le ciel a réuni la douceur
» avec l'audace, la force avec la bonté.
» — Retournez donc chez vous, lui dit
» tristement le Cacique ; car les bons,
» parmi nous, sont foibles & timides, &
» les méchans, forts & hardis ». Pizarre
l'en crut aisément, & il se retira dans une
île voisine (*), où, peu de temps
après, Almagre vint lui porter quelques
secours.

Mais tout avoit changé sur l'isthme.
Davila n'avoit pu survivre à la honte &
à la douleur d'être abandonné par son fils.
Il étoit mort dans les angoisses du remord
& du désespoir. Son successeur (**) s'étoit
laissé persuader que les compagnons de
Pizarre ne demandoient que leur retour,

(*) L'Isle *del Gallo*.
(**) Pedre de Los-rios.

& que lui-même il ne s'obstinoit dans sa malheureuse entreprise que par un orgueil insensé. Il fit donc partir deux vaisseaux, sous la conduite d'un Castillan, nommé Tafur, pour ramener les mécontens.

A la vue de ces vaisseaux, qui s'avançoient à pleines voiles, Pizarre tressaillit de joie. Mais cette joie fit bientôt place à la plus profonde douleur.

« Je ne sais, dit-il à Tafur, qui lui
» déclaroit l'ordre dont il étoit chargé,
» quel est le fourbe qui, pour me nuire,
» a fait parler mes compagnons ; mais,
» quel qu'il soit, il en impose. Ces nobles
» Castillans s'attendoient, comme moi,
» à des périls, à des travaux dignes d'é-
» prouver leur constance. Si l'entreprise
» n'eût demandé que des cœurs lâches &
» timides, on l'auroit achevée avant
» nous, & sans nous. C'est parce qu'elle
» est pénible, qu'elle nous est reservée :
» les dangers en feront la gloire, quand
» nous les aurons surmontés. On a donc
» fait injure à mes amis, lorsqu'on a dit

CHAPITRE XVIII. 233

» au Vice-Roi de l'Isthme qu'ils vouloient
» se déshonorer. Pour moi, je n'en retiens
» aucun. De braves gens, tels que je les
» crois tous, ne demanderont qu'à me
» suivre ; & les hommes sans cœur, s'il
» y en a parmi nous, ne méritent pas
» mes regrets. Faites tracer une ligne au
» milieu de mon vaisseau. Vous serez à la
» proue ; je serai à la poupe avec tous
» mes compagnons. Ceux qui voudront
» se séparer de moi, n'auront qu'un pas
» à faire de la gloire à la honte ».

Tafur accepta ce défi ; & quels furent
l'étonnement & la douleur de Pizarre,
lorsqu'il vit presque tous les siens passer
du côté de Tafur ! Indigné, mais ferme
& tranquille, il les regardoit d'un œil
fixe. L'un d'eux le regarde à son tour ;
& voyant sur son front une noble tristesse,
une froide intrépidité, il dit à ceux de
qui l'exemple l'avoit entraîné : « Castil-
» lans, voyez qui nous abandonnons !
» Je ne puis m'y résoudre ; & j'aime mieux
» mourir avec cet homme-là, que de vivre

» avec des perfides. Adieu ». A ces mots, il repaſſe du côté de Pizarre, & jure, en l'embraſſant, de ne le plus quitter. Ce guerrier étoit Aléon. Quelques-uns l'imiterent ; ce fut le petit nombre ; mais leur malheureux chef n'en fut que plus ſenſible à ce dévouement généreux. Il ne lui étoit échappé contre les déſerteurs ni plainte, ni reproche ; mais, lorſqu'il vit que douze Caſtillans vouloient bien lui reſter fideles, réſolus à mourir pour lui, plutôt que de l'abandonner, ſon cœur ſoulagé s'attendrit ; il les embraſſe ; & la reconnoiſſance lui fait verſer des larmes, que la douleur n'a pu lui arracher. « Tu vois, dit-il à Tafur, que mon » navire, briſé, s'entr'ouvre & va périr ; » laiſſe-moi l'un des tiens ». Tafur lui refuſa durement ſa priere. « Je puis vous » ramener, dit-il ; mais je ne puis rien » de plus. — Ainſi, lui dit Pizarre, on » met de braves gens dans la néceſſité » du choix, entre leur déshonneur & leur » perte inévitable ! Va, notre choix n'eſt

» pas douteux. Laisse-nous seulement des » munitions & des armes. Celui qui t'en- » voie aura honte de nous avoir aban- » donnés ».

Au moment fatal où Tafur mit à la voile & quitta le rivage, Pizarre fut prêt de tomber dans le plus affreux désespoir. Il se vit presque seul, sur des mers inconnues, & dans un nouvel univers, abandonné de sa patrie, foible jouet des élémens, en butte à des dangers horribles, en proie à ces peuples Sauvages, dont il falloit attendre ou la vie, ou la mort. Son ame eut besoin de toutes ses forces, pour soutenir la pesanteur du coup dont il étoit frappé. Ses compagnons, qui l'environnoient, gardoient un morne silence ; & le héros, pour relever leur courage abattu, rappella tout le sien.

Il commence d'abord par les éloigner du rivage, d'où ils suivoient des yeux les voiles de Tafur ; & s'enfonçant avec eux dans l'île : « Mes amis, félicitons-nous, » leur dit-il, d'être délivrés de cette foule

» d'hommes timides, qui nous auroient mal
» secondés. La fortune me laisse ceux que
» j'aurois choisis. Nous sommes peu, mais
» tous déterminés, mais tous unis par l'ami-
» tié, la confiance & le malheur. Ne doutez
» pas qu'il ne nous vienne des compagnons
» jaloux de notre renommée ; car dès ce
» moment elle vole aux bords d'où nous
» sommes partis : les déserteurs vont l'y
» répandre. Oui, mes amis, quoi qu'il
» arrive, treize hommes qui, seuls, dé-
» laissés sur des bords inconnus, chez des
» Peuples féroces, persistent dans le grand
» dessein de les vaincre & de les dompter,
» sont déja bien sûrs de leur gloire. Qui
» nous a rassemblés ? La noble ambition
» de rendre nos noms immortels ? Ils le
» sont : l'événement même est désormais
» indifférent. Heureux ou malheureux,
» il sera vrai du moins que nous aurons
» donné au monde un exemple encore
» inoui d'audace & d'intrépidité. Plai-
» gnons notre patrie d'avoir produit des
» lâches ; mais félicitons-nous de l'éclat

Chapitre XVIII.

» que leur honte va donner à notre va-
» leur. Après tout, que hasardons-nous ?
» La vie ? Et cent fois, à vil prix, nous
» en avons été prodigues. Mais, avant
» de la perdre, il est pour nous encore
» des moyens de la signaler. Commençons
» par nous procurer un asyle moins ex-
» posé aux surprises des Indiens. Ici nous
» manquerions de tout. L'île de la Gor-
» gone est déserte & fertile ; la vue en
» est terrible, & l'abord dangereux ; l'In-
» dien n'ose y pénétrer ; hâtons-nous d'y
» passer : c'est là le digne asyle de treize
» hommes abandonnés, & séparés de
» l'univers ».

L'île de la Gorgone est digne de son nom. Elle est l'effroi de la nature. Un ciel chargé d'épais nuages, où mugissent les vents, où les tonnerres grondent, où tombent, presque sans relâche, des pluies orageuses, des grêles meurtrieres, parmi les foudres & les éclairs ; des montagnes couvertes de forêts ténébreuses, dont les débris cachent la terre, & dont les branches entrelacées ne forment qu'un épais tiſſu, impénétrable à la clarté; des vallons fangeux, où ſans ceſſe roulent d'impétueux torrens; des bords hériſſés de rochers, où ſe briſent, en gémiſſant, les flots émus par les tempêtes; le bruit des vents dans les forêts, ſemblable aux hurlemens des loups & au glapiſſement des tigres; d'énormes couleuvres qui rampent ſous l'herbe humide des marais, & qui de leurs vaſtes replis embraſſent la tige des arbres; une multitude d'inſectes, qu'engendre un air croupiſſant, & dont l'avidité ne cherche qu'une proie: telle eſt l'île de la Gorgone, & tel fut l'aſyle où Pizarre vint ſe refugier avec ſes compagnons.

Ils furent tous épouvantés à l'aſpect de ce noir ſéjour, & Pizarre en frémit lui-même; mais il n'avoit point à choiſir. Son vaiſſeau n'eût pas réſiſté à une courſe plus longue. En abordant, il déguiſa donc, ſous l'apparence de la joie, l'horreur dont il étoit ſaiſi.

Chapitre XVIII.

Son premier soin fut de chercher une colline, où la terre ne fût jamais inondée, & qui, voisine de la mer, permît de donner le signal aux vaisseaux. Malgré l'humidité des bois dont la colline étoit couverte, il s'y fit jour avec la flamme. Un vent rapide alluma l'incendie ; & le sommet fut dépouillé. Pizarre s'y établit, y éleva des cabanes, environnées d'une enceinte.

« Amis, dit-il, nous voilà bien. Ici la
» nature est sauvage, mais féconde. Les
» bois y sont peuplés d'oiseaux ; la mer
» y abonde en poissons ; l'eau douce y
» coule des montagnes. Parmi les fruits
» que la nature nous présente, il en est
» d'assez savoureux pour tenir lieu de pain.
» L'air est humide dans les vallons ; il l'est
» moins sur cette éminence ; & des feux
» sans cesse allumés vont le purifier en-
» core. Sous des toits épais de feuillages,
» nous serons garantis de la pluie & des
» vents. Quant à ces noirs orages, nous
» les contemplerons comme un spectacle

» magnifique; car les horreurs de la na-
» ture en augmentent la majefté. C'eft
» ici qu'elle eft impofante. Ce défordre a
» je ne fais quoi de merveilleux qui
» agrandit l'ame, & l'affermit en l'éle-
» vant. Oui, mes amis, nous fortirons
» d'ici avec un fentiment plus fublime &
» plus fort de la nature & de nous-mêmes.
» Il manquoit à notre courage d'avoir
» été mis à l'épreuve du choc de ces fiers
» élémens. Du refte, n'imaginez pas que
» leur guerre foit fans relâche : nous au-
» rons des jours plus fereins ; & pendant
» le filence des vents & des tempêtes, le
» foin de notre fubfiftance fera moins
» pour nous un travail, qu'un exercice
» intéreffant ».

Ce fut ainfi que d'un féjour affreux, Pizarre fit à fes compagnons une peinture confolante. L'imagination empoifonne les biens les plus doux de la vie, & adoucit les plus grands maux.

Les Caftillans eurent bientôt conftruit un canot, dans lequel, quand la mer
étoit

étoit calme, ils se donnoient, non loin du bord, l'utile amusement d'une pêche abondante. La chasse ne l'étoit pas moins : car, avant que les animaux d'un naturel doux & timide, aient appris à connoître l'homme, ils semblent le voir en ami. Dans cette confiance, ils tombent dans ses pieges, & vont au-devant de ses coups. Ce n'est qu'après avoir éprouvé mille fois sa malice & sa perfidie, qu'épouvantés de son approche, ils s'instruisent l'un l'autre à fuir devant leur ennemi commun.

Trois mois s'écoulerent, sans que Pizarre & ses compagnons vissent paroître aucun vaisseau. Leurs yeux, tournés du côté du nord, se fatiguoient à parcourir la solitude immense d'une mer sans rivages. Tous les jours l'espérance renaissoit & mouroit dans leurs cœurs plus découragés. Pizarre seul les relevoit, les animoit à la constance. « Donnons à nos amis le » temps de pourvoir à tout, disoit-il. Je » crains moins leur lenteur que leur

» impatience. Le vaisseau que j'attends
» seroit trop tôt parti, s'il ne m'appor-
» toit que des hommes levés à la hâte &
» sans choix. S'il est chargé de braves
» gens, il mérite bien qu'on l'attende ».

Il étoit loin d'avoir lui-même la confiance qu'il inspiroit. La rigueur du climat de l'île, son influence inévitable sur la santé de ses amis, la ruine de son vaisseau, que la vague battoit sans cesse, & qu'elle achevoit de briser, l'incertitude & la foiblesse du secours qu'il pouvoit attendre, son état présent, l'avenir pour lui plus effrayant encore, tout cela formoit dans son ame un noir tourbillon de pensées, où quelques lueurs d'espérance se laissoient à peine entrevoir.

Ses amis, moins déterminés, se lassoient de souffrir. L'air humide qu'ils respiroient, & dont ils étoient pénétrés, déposoit dans leur sein le germe d'une langueur contagieuse; & leur courage, avec leur force, diminuoit tous les jours. « Nous ne te demandons, disoient-ils à

Chapitre XVIII.

» Pizarre, qu'un climat plus doux & plus
» fain. Fais-nous refpirer ; fauve-nous de
» cette maligne influence ; allons cher-
» cher des hommes qu'on puiffe fléchir,
» ou combattre ; oppofe-nous des enne-
» mis fur qui du moins, en expirant, nous
» puiffions venger notre mort ».

Pizarre cede à leurs inftances ; & des débris de leur navire, il leur fait conftruire une barque, pour regagner le continent. Mais, lorfqu'on y travaille avec le plus d'ardeur, l'un d'eux croit, du haut du rivage, appercevoir dans le lointain les voiles d'un vaiffeau. Il pouffe un cri de furprife & de joie ; & tous les yeux fe tournent vers le nord. Ce n'eft d'abord qu'une foible apparence : on craint de fe tromper ; on doute fi ce qu'on a pris pour la voile, n'eft pas un nuage léger ; on obferve long-temps encore ; & peu à peu l'efpérance, en croiffant, affoiblit la crainte, comme la lumiere naiffante pénetre l'ombre, & la diffipe au crépufcule du matin. Toute incertitude enfin ceffe :

on distingue la voile, on reconnoît le pavillon ; & ce rivage, qui n'avoit jusqu'alors répété que des plaintes & des gémissemens, retentit de cris d'allégresse. Mais le vaisseau, en abordant, étouffe bientôt ces transports. Les Matelots qui le conduisent, sont l'unique secours qu'on envoie à Pizarre ; &, ce qui l'afflige encore plus, lui-même on le rappelle, on l'oblige à partir. Il en est outré de douleur. « Hé quoi, dit-il, on nous envie
» jusqu'au triste honneur de mourir sur
» ces bords » ! Et puis, rappellant son courage : « Nous y reviendrons, reprit-il;
» & je ne veux m'en éloigner qu'après
» avoir marqué moi-même le rivage où
» nous descendrons ». Avant de quitter la Gorgone, il voulut y laisser un monument de sa gloire. Il écrivit sur un rocher, au bas duquel les flots se brisent : « *Ici treize hommes* (& ils étoient nom-
» *més*) *abandonnés de la nature entiere,*
» *ont éprouvé qu'il n'est point de maux*
» *que le courage ne surmonte. Que celui*

CHAPITRE XVIII.

» *qui veut tout oser, apprenne donc à tout* » *souffrir* ».

Alors, montant sur le navire qu'on leur amenoit, ils s'avancent jusqu'au rivage de Tumbès.

CHAPITRE XIX.

LA, tout ce qui s'offre à leurs yeux, annonce un Peuple induſtrieux & riche. Pizarre fait dire à ce Peuple qu'il recherche ſon amitié; & bientôt il le voit en foule ſe raſſembler ſur le rivage. Il voit ſon navire entouré de radeaux (*) chargés de préſens : ce ſont des grains, des fruits & des breuvages, dont les vaſes d'or ſont remplis. Senſible à la bonté, à la magnificence de ce Peuple doux & paiſible, Pizarre s'applaudit d'avoir enfin trouvé des hommes; mais ſes compagnons s'applaudiſſent d'avoir trouvé de l'or.

Les Indiens, ſans défiance comme ſans artifice, ſollicitoient les Caſtillans à deſcendre ſur le rivage. Pizarre le permit, mais ſeulement à deux des ſiens, à Candie & à Molina. A peine ſont-ils deſcendus,

---

(*) Ces radeaux s'appelloient des *balzes*.

qu'une foule empreſſée & careſſante les environne. Le Cacique lui-même les conduit dans ſa ville, les introduit dans ſon palais, & leur fait parcourir les demeures tranquilles de ſes citoyens fortunés. Ces hommes ſimples les reçoivent comme des amis tendres reçoivent des amis; & avec l'ingénuité, la ſécurité de l'enfance, ils leur étalent ces richeſſes qu'ils auroient dû enſevelir.

« Quoi de plus touchant, diſoit Mo-
» lina, que l'innocence de ce Peuple?
» — Il eſt vrai qu'il eſt ſimple, & facile à
» civiliſer, diſoit Candie »; & cependant, le crayon à la main, au milieu des Sauvages, il levoit le plan de la ville & des murs qui l'environnoient. Les Indiens, enchantés de l'art ingénieux avec lequel ſa main traçoit comme l'ombre de leurs murailles, ne ſe laſſoient pas d'admirer ce prodige nouveau pour eux. Ils étoient loin de ſoupçonner que ce fût une perfidie. « Que faites-vous, lui demande
» Alonzo? — J'examine, répond Candie,

» par où l'on peut les attaquer. — Les
» attaquer ? Quoi ! dans le moment même
» qu'ils vous comblent de biens, qu'ils se
» livrent à vous sans crainte & sur la foi
» de l'hospitalité, vous méditez le noir
» projet de les surprendre dans leurs murs?
» Êtes-vous assez lâche ?.... — Et vous,
» reprit Candie, êtes-vous assez insensé
» pour croire qu'on passe les mers, &
» qu'on vienne d'un monde à l'autre pour
» s'attendrir, comme des enfans, sur l'im-
» bécillité d'un Peuple de Sauvages ? On
» feroit de belles conquêtes avec vos
» timides vertus. — Peut-être, dit Alonzo.
» Mais est-ce bien Pizarre qui fait lever
» le plan de ces murs ? — C'est lui-même.
» — J'en doute encore. — Vous m'insultez.
» — Je l'estime trop pour vous croire ».
Et à ces mots, l'impétueux jeune homme
arrache des mains de Candie le dessin
qu'il avoit tracé.

Tout-à-coup, se lançant l'un à l'autre
un regard de colere, ils écartent la foule;
& l'épée étincelle comme un éclair dans

J.M. Moreau, inv. *J.B. Simonet, Sculp.*

Daigne agréer cette douce compagne, elle est sensible
elle t'aimera.

leurs vaillantes mains. Les Sauvages, persuadés que ce combat n'étoit qu'un jeu, applaudissoient d'abord, avec les regards de la joie & les signes naïfs de l'admiration, à l'adresse dont l'un & l'autre paroient les coups les plus rapides. Mais, lorsqu'ils virent le sang couler, ils jeterent des cris perçans de douleur & d'effroi; & leur Roi, se précipitant lui-même entre les deux épées, s'écrie: « Arrête! arrête! C'est mon hôte, c'est » mon ami, c'est le sang de ton frere » que tu fais couler ». On s'empresse, on les retient, on les désarme, on les mene sur le vaisseau.

Pizarre, instruit de leur querelle, les reprit tous les deux; mais, quelqu'égalité qu'il affectât dans ses reproches, Alonzo crut s'appercevoir que Candie étoit approuvé. Un noir chagrin s'empara de son ame. Il se rappella les conseils du vertueux Barthelemi; il se retraça le supplice du vieillard Indien qu'on avoit fait brûler, la guerre injuste & meurtriere qu'on avoit livrée à ces Peuples, l'avidité impatiente de ses compagnons à la vue de l'or. Enfin l'exemple du passé ne lui fit voir dans l'avenir que le meurtre & que le ravage ; & dès lors il se repentit de s'être engagé si avant.

Comme il étoit chéri des Indiens, c'étoit lui que Pizarre chargeoit le plus souvent d'aller pourvoir aux besoins du navire. Un jour qu'il étoit descendu, il fut accueilli par ce Peuple avec une amitié si naïve & si tendre, qu'il ne put retenir ses pleurs. « Dans quelques mois
» peut-être, disoit-il en lui-même, les
» fertiles bords de ce fleuve, ces champs
» couverts de moissons, ces vallons peu-
» plés de troupeaux, seront tous ravagés;
» les mains qui les cultivent seront char-
» gées de chaînes ; & de ces Indiens si
» doux & si paisibles, des milliers seront
» égorgés, & le reste, réduit au plus dur
» esclavage, périra misérablement dans
» les travaux des mines d'or. Peuple
» innocent & malheureux ! non, je ne

» puis t'abandonner ; je me sens attaché
» à toi, comme par un charme invin-
» cible. Je ne trahis point ma patrie, en
» me déclarant l'ennemi des brigands qui
» la déshonorent, & en cherchant moi-
» même à lui gagner les cœurs ». Telle
fut sa résolution ; & il écrivit à Pizarre :
« J'aime les Indiens ; je reste parmi eux,
» parce qu'ils sont bons & justes. Adieu.
» Vous trouverez en moi un médiateur,
» un ami, si vous respectez avec eux les
» droits de la nature ; un ennemi, si, par
» la force, le brigandage & la rapine,
» vous violez ces droits sacrés ».

Pizarre, affligé de la perte d'Alonzo,
le fit presser de revenir. On le trouva au
milieu des Sauvages, éclairant leur raison, & jouissant de leurs caresses. « Ra-
» contez à Pizarre ce que vous avez vu,
» dit-il à ceux qui venoient le chercher ;
» & que mon exemple lui apprenne que
» le plus sûr moyen de captiver ces
» Peuples, c'est d'être juste & bienfai-
» sant ».

L'un des regrets de Pizarre, en quittant ces bords, fut d'y laisser ce vaillant jeune homme. Mais celui-ci n'avoit jamais été plus heureux que dans ce moment. Se voyant au milieu d'un Peuple naturellement simple & doux, il jouissoit du calme des passions; il respiroit l'air pur de l'innocence; il prenoit plaisir à l'entendre célébrer les vertus des Incas, enfans du Soleil, & mettre au rang de leurs bienfaits l'heureuse révolution qui s'étoit faite dans ses mœurs, lorsque, par la raison, plus que par la force des armes, les Incas l'avoient obligé de suivre leur culte & leurs loix. Alonzo, à son tour, leur donnoit une idée de nos mœurs & de nos usages, des progrès de nos connoissances, & des prodiges de nos arts. Ce merveilleux les étonnoit. Le Cacique lui demanda ce qui l'avoit engagé à se séparer de ses amis, & à demeurer sur ces bords. « Ceux
» avec qui je suis venu, lui répondit
» Alonzo, m'ont dit : Allons faire du bien
» aux habitans du Nouveau Monde ;

CHAPITRE XIX.

» aussi-tôt je les ai suivis. J'ai vu qu'ils
» ne pensoient qu'à vous faire du mal ; &
» je les ai abandonnés ». Il lui raconta le
sujet de sa querelle avec Candie. L'Indien
en fut pénétré de reconnoissance pour lui.
Il le regardoit avec une admiration douce
& tendre ; & il disoit tout bas : « Il en est
» digne, il en est plus digne que moi ».
L'heure du sommeil approchoit ; le Cacique prit congé d'Alonzo ; mais, en s'en
allant, il retournoit vers lui les yeux, &
levoit les mains vers le ciel.

Le lendemain, il vient le trouver dès
l'aurore. « Eveille-toi, Roi de Tumbès,
» lui dit-il, en lui présentant son diadême
» & ses armes, éveille-toi ; reçois de ma
» main la couronne. J'y ai bien pensé : je
» te la dois. J'ai ton courage & ta bonté,
» mais je n'ai pas tes lumieres. Prends ma
» place, regne sur nous. Je serai ton pre-
» mier Sujet. L'Inca l'approuvera lui-
» même ». Alonzo, confondu de voir
dans un Sauvage cet exemple inoui de
modestie & de magnanimité, sentit ce que

l'orgueil ignore, que la véritable grandeur & la simplicité se touchent, & qu'il est rare qu'un cœur droit ne soit pas un cœur élevé. Il rendit graces au Cacique, & lui dit : « Tu es juste & bon : tu dois être aimé » de ton Peuple. Laissons-lui son Roi. » D'autres soins doivent occuper ton ami ».

Bientôt après, il vit venir les plus heureuses meres, celles qui pouvoient s'applaudir d'avoir les filles les plus belles, & qui, les menant par la main, les lui présentoient à l'envi. « Daigne agréer, lui » disoient-elles, cette jeune & douce compagne. Elle excelle à filer la laine ; elle » en fait les plus beaux tissus. Elle est » sensible ; elle t'aimera. Tous les matins, » à son réveil, elle soupire après un époux ; » & du moment qu'elle t'a vu, tu es l'époux » que son cœur desire. Tous mes enfans » ont été beaux ; les siens le seront encore » plus : car tu feras leur pere ; & jamais » nos compagnes n'ont rien vu de si beau » que toi ».

Molina se fût livré sans peine aux

charmes de la beauté, de l'innocence & de l'amour. Mais, se donner une compagne, c'étoit lui-même s'engager; & ses desseins demandoient un cœur libre. Il avoit appris du Cacique qu'au-delà des montagnes, deux Incas, deux fils du Soleil, se partageoient un vaste Empire; & dès-lors il avoit formé la résolution de se rendre à leur Cour. « L'Inca, Roi de » Cusco, lui disoit le Cacique, est su- » perbe, inflexible; il se fait redouter. » Celui de Quito, bien plus doux, se » fait adorer de ses Peuples. Je suis du » nombre des Caciques que son pere a » mis sous ses loix ». Alonzo, pour se rendre à la Cour de Quito, demanda deux fideles guides. Le Cacique auroit bien voulu le retenir encore. « Quoi ! » si-tôt, tu veux nous quitter, lui disoit-il ! » Et dans quel lieu seras-tu plus aimé, » plus révéré que parmi nous ? — Je vais » pourvoir à ton salut, lui répondit » Alonzo, & engager l'Inca à prendre » avec moi ta défense : car vos ennemis

„ vont dans peu revenir fur ces bords. „ Mais ne t'allarme point. Je viendrai „ moi-même, à la tête des Indiens, te „ fecourir ». Ce zele attendrit le Cacique; & les larmes de l'amitié accompagnerent fes adieux. Lui-même il choifit les deux guides que fon ami lui demandoit ; & avec eux Alonzo, traverfant les vallées, fuivit la rive du Dolé, qui prend fa fource vers le nord.

CHAPITRE XX.

Après une marche pénible, ils approchoient de l'équateur, & alloient passer un torrent qui se jette dans l'Emeraude; lorsqu'Alonzo vit ses deux guides interdits & troublés, se parler l'un à l'autre, avec des mouvemens d'effroi. Il leur en demande la cause. « Regarde, lui » dit l'un d'eux, au sommet de la mon- » tagne. Vois-tu ce point noir dans le » ciel ? Il va grossir, & former un affreux » orage ». En effet, peu d'instans après, ce point nébuleux s'étendit; & le sommet de la montagne fut couvert d'un nuage sombre.

Les Sauvages se hâtent de passer le torrent. L'un d'eux le traverse à la nage, & attache au bord opposé un long tissu de liane (a), auquel Alonzo suspendu dans une corbeille d'osier, passe rapidement; l'autre Indien le suit; & dans le même instant, un murmure profond donne le signal de la guerre que les vents vont se déclarer. Tout-à-coup leur fureur s'annonce par d'effroyables sifflemens. Une épaisse nuit enveloppe le ciel, & le confond avec la terre; la foudre, en déchirant ce voile ténébreux, en redouble encore la noirceur; cent tonnerres qui roulent, & semblent rebondir sur une chaîne de montagnes, en se succédant l'un à l'autre, ne forment qu'un mugissement qui s'abaisse & qui se renfle comme celui des vagues. Aux secousses que la montagne reçoit du tonnerre & des vents, elle s'ébranle, elle s'entrouvre; & de ses flancs, avec un bruit horrible, tombent de rapides torrens. Les animaux, épouvantés, s'élançoient des bois dans la plaine; & à la clarté de la foudre, les trois voyageurs pâlissans voyoient passer à côté d'eux le lion, le tigre, le linx, le léopard, aussi tremblans qu'eux-mêmes. Dans ce péril universel de la nature, il n'y a plus de férocité; & la crainte a tout adouci.

CHAPITRE XX.

L'un des guides d'Alonzo avoit, dans fa frayeur, gagné la cîme d'une roche. Un torrent, qui fe précipite en bondiffant, la déracine & l'entraîne; & le Sauvage, qui l'embraffe, roule avec elle dans les flots. L'autre Indien croyoit avoir trouvé fon falut dans le creux d'un arbre; mais une colonne de feu, dont le fommet touche à la nue, defcend fur l'arbre, & le confume avec le malheureux qui s'y étoit fauvé.

Cependant Molina s'épuifoit à lutter contre la violence des eaux : il graviffoit dans les ténebres, faififfant tour-à-tour les branches, les racines des bois qu'il rencontroit, fans fonger à fes guides, fans autre fentiment que le foin de fa propre vie : car il eft des momens d'effroi, où toute compaffion ceffe, où l'homme, abforbé en lui-même, n'eft plus fenfible que pour lui.

Enfin il arrive, en rampant, au bas d'une roche efcarpée; &, à la lueur des éclairs, il voit une caverne ténébreufe

& profonde, dont l'horreur l'auroit glacé dans tout autre moment. Meurtri, épuisé de fatigue, il se jette au fond de cet antre; & là, rendant graces au ciel, il tombe dans l'accablement.

L'orage enfin s'appaise; les tonnerres, les vents cessent d'ébranler la montagne; les eaux des torrens, moins rapides, ne mugissent plus à l'entour; & Molina sent couler dans ses veines le baume du sommeil. Mais un bruit plus terrible que celui des tempêtes, le frappe, au moment même qu'il alloit s'endormir.

Ce bruit, pareil au broiement des cailloux, est celui d'une multitude de serpens (*), dont la caverne est le refuge. La voûte en est revêtue; & entrelacés l'un à l'autre, ils forment, dans leurs mouvemens, ce bruit qu'Alonzo reconnoît. Il sait que le venin de ces serpens est le plus subtil des poisons; qu'il allume soudain, & dans toutes les veines, un

_____

(*) Les Serpens à sonnettes.

CHAPITRE XX.

feu qui dévore & confume, au milieu des douleurs les plus intolérables, le malheureux qui en eſt atteint. Il les entend; il croit les voir rampans autour de lui, ou pendus ſur ſa tête, ou roulés ſur eux-mêmes, & prêts à s'élancer ſur lui. Son courage épuiſé ſuccombe; ſon ſang ſe glace de frayeur; à peine il oſe reſpirer. S'il veut ſe traîner hors de l'antre, ſous ſes mains, ſous ſes pas, il tremble de preſſer un de ces dangereux reptiles. Tranſi, friſſonnant, immobile, environné de mille morts, il paſſe la plus longue nuit dans une pénible agonie, deſirant, frémiſſant de revoir la lumiere, ſe reprochant la crainte qui le tient enchaîné, & faiſant ſur lui-même d'inutiles efforts pour ſurmonter cette foibleſſe.

Le jour qui vint l'éclairer, juſtifia ſa frayeur. Il vit réellement tout le danger qu'il avoit preſſenti; il le vit plus horrible encore. Il falloit mourir, ou s'échapper. Il ramaſſe péniblement le peu de forces qui lui reſtent; il ſe ſouleve avec lenteur, ſe courbe, & les mains appuyées sur ses genoux tremblans, il sort de la caverne, aussi défait, aussi pâle qu'un spectre qui sortiroit de son tombeau. Le même orage qui l'avoit jeté dans le péril, l'en préserva: car les serpens en avoient eu autant de frayeur que lui-même ; & c'est l'instinct de tous les animaux, dès que le péril les occupe, de cesser d'être malfaisans.

Un jour serein consoloit la nature des ravages de la nuit. La terre, échappée comme d'un naufrage, en offroit partout les débris. Des forêts, qui, la veille, s'élançoient jusqu'aux nues, étoient courbées vers la terre ; d'autres sembloient se hérisser encore d'horreur. Des collines, qu'Alonzo avoit vu s'arrondir sous leur verdoyante parure, entr'ouvertes en précipices, lui montroient leurs flancs déchirés. De vieux arbres déracinés, précipités du haut des monts, le pin, le palmier, le gayac, le caobo, le cedre, étendus, épars dans la plaine, la couvroient de leurs troncs brisés & de leurs branches fracaffées. Des dents de rochers détachées, marquoient la trace des torrens; leur lit profond étoit bordé d'un nombre effrayant d'animaux, doux, cruels, timides, féroces, qui avoient été submergés & revomis par les eaux.

Cependant ces eaux, écoulées, laiffoient les bois & les campagnes se ranimer aux rayons du jour naiffant. Le ciel fembloit avoir fait la paix avec la terre, & lui fourire en figne de faveur & d'amour. Tout ce qui refpiroit encore, recommençoit à jouir de la vie; les oifeaux, les bêtes fauvages avoient oublié leur effroi; car le prompt oubli des maux eft un don que la nature leur a fait, & qu'elle a refufé à l'homme.

Le cœur d'Alonzo, quoique flétri par la crainte & par la douleur, fentit un mouvement de joie. Mais, en ceffant de craindre pour lui-même, il trembla pour fes compagnons. Sa voix à grands cris les appelle; fes yeux les cherchent vainement; il ne les revoit plus; & les échos seuls lui répondent. « Hélas ! s'écria-t-il, » mes guides ! mes amis ! c'en est donc » fait ? Ils ont péri sans doute. Et moi, » que vais-je devenir » ? Le jeune homme, à ces mots, se croyant poursuivi par un malheur inévitable, retomba dans l'abattement. Pour comble de calamité, il ne retrouva plus le peu de vivres qu'ils avoient pris, & dont il sentoit le besoin, par l'épuisement de ses forces. La nature y pourvut ; les mangles, les bananes, l'oca furent ses alimens (*b*).

Aussi loin que sa vue pouvoit s'étendre, il cherchoit des lieux habités ; il n'en voyoit aucun indice ; son courage étoit épuisé. Enfin il découvre un sentier pratiqué entre deux montagnes. Heureux de voir des traces d'hommes, l'espérance & la joie se raniment en lui ; l'obscurité de cette route, où des rochers, suspendus sur sa tête, laissent à peine un étroit passage à la lumiere, ne lui inspire aucune horreur. L'instinct, qui sembloit l'attirer vers un lieu où il espéroit de

Chapitre XX.

trouver fes femblables, précipitoit fes pas, & le rendoit infenfible à la fatigue & au danger. Il fort enfin de ce fentier profond, & il découvre une campagne, femée çà & là de cabanes & de troupeaux. Il refpire; & tendant les mains au ciel, il lui rend grace.

A peine a-t-il paru, que des Sauvages l'environnent avec des cris & des tranfports, qu'il prend pour des fignes de joie. Il s'approche, & leur tend les bras. Il ne voit pas fur leurs vifages la fimple & naïve douceur des Peuples de Tumbès: leur fourire même eft cruel; leur regard lui paroît moins curieux qu'avide; & leur accueil, tout careffant qu'il eft, a je ne fais quoi d'effrayant. Cependant Alonzo s'y livre. « Indiens, leur dit-il, je fuis un » Etranger, mais un Etranger qui vous » aime. Ayez pitié de l'abandon où je » me vois réduit ». Comme il difoit ces mots, il fe voit chargé de liens; les cris d'allégreffe redoublent; & il eft conduit au hameau. Les femmes fortent des cabanes, tenant par la main leurs enfans. Elles entourent le poteau où Molina est attaché; & on le laisse au milieu d'elles.

Il vit bien qu'il étoit tombé chez un Peuple d'antropophages. En lui liant les mains, on l'avoit dépouillé, triste présage de son sort! Il entendoit les Sauvages, répandus dans le hameau, s'inviter l'un l'autre à la fête; & les chansons des femmes, qui se réjouissoient & qui dansoient autour de lui, ne lui déguisoient pas ce qui alloit se passer. « Enfans, » disoient-elles, chantez: vos peres sont » tombés sur une bonne proie. Chantez; » vous ferez du festin ».

Tandis qu'elles s'applaudissoient, le malheureux Alonzo, pâle, tremblant, les regardoit, de l'œil dont le cerf aux abois regarde la meute affamée. La nature fit un effort sur elle-même; il rassembla le peu de forces que lui laissoit la peur dont il étoit saisi; & s'adressant à ces femmes Sauvages: « Lorsque vos enfans, leur

» dit-il, sont suspendus à vos mamelles,
» & que leur pere les caresse & vous
» sourit avez amour, combien ne seroit
» pas cruel celui qui viendroit, dans vos
» bras, déchirer le fils & le pere, comme
» vous m'allez déchirer ? La nature vous
» a donné des ennemis dans les bêtes sau-
» vages; vous pouvez leur livrer la guerre,
» & vous abreuver de leur sang. Mais
» moi, je suis un homme innocent & pai-
» sible, qui ne vous ai fait aucun mal.
» Une femme semblable à vous m'a porté
» dans ses flancs, & m'a nourri de son
» lait. Si elle étoit ici, vous la verriez,
» tremblante, vous conjurer, par vos
» entrailles, d'épargner son malheureux
» fils. Résisteriez-vous à ses pleurs, &
» laisseriez-vous égorger un fils dans les
» bras de sa mere ? La vie est pour moi
» peu de chose; mais ce qui me touche
» bien plus, c'est le péril qui vous me-
» nace, & le soin de votre défense contre
» une puissance terrible, qui va venir
» vous attaquer. Je le savois; j'allois, pour

» vous, implorer à Quito le secours des
» Incas. Pour vous, je me suis exposé,
» dans ce pénible & long voyage, au
» danger d'être pris, d'être déchiré par
» vos mains. Femmes Indiennes, croyez
» que je suis votre ami, celui de vos
» enfans, celui même de vos époux. Vou-
» lez-vous dévorer la chair de votre ami,
» boire le sang de votre frere » ?

Ces femmes, étonnées, le contemploient en l'écoutant; & par degrés leur cœur farouche étoit ému, & s'amollissoit à sa voix. La nature a pour tous les yeux deux charmes tout-puissans, lorsqu'ils se trouvent réunis : c'est la jeunesse & la beauté. Du moment qu'il avoit parlé, sa pâleur s'étoit dissipée; les roses de ses levres & de son teint avoient repris tout leur éclat; ses beaux yeux noirs ne jetoient point ces traits de feu dont ils auroient brillé, ou dans l'amour, ou dans la joie : ils étoient languissans; & ils n'en étoient que plus tendres. Les ondes de ses longs cheveux, flottantes sur l'ivoire

CHAPITRE XX. 269

de ses bras enchaînés, en relevoient la blancheur éclatante ; & sa taille, dont l'élégance, la noblesse, la majesté formoient un accord ravissant, ne laissoit rien imaginer au-dessus d'un si beau modele. Dans la Cour d'Espagne, au milieu de la plus brillante jeunesse, Molina l'auroit effacée. Combien plus rare & plus frappant devoit être, chez des Sauvages, le prodige de sa beauté ? Ces femmes y furent sensibles. La surprise fit place à l'attendrissement, l'attendrissement à l'ivresse. Ces enfans qu'elles amenoient pour les abreuver de son sang, elles les prennent dans leurs bras, les élevent à sa hauteur, & pleurent en voyant qu'il leur sourit avec tendresse, & qu'il leur donne des baisers.

Dans ce moment, les Indiens se rassemblent en plus grand nombre. Armés de ces pierres tranchantes, qu'ils savent éguiser, ils se jetoient sur la victime, impatiens de lui ouvrir les veines, & d'en voir ruisseler le sang. Plus tremblantes

qu'Alonzo même, les femmes l'environnent avec des cris perçans, & tendant les mains aux Sauvages : « Arrêtez!
» épargnez ce malheureux jeune homme.
» C'eſt votre ami, c'eſt votre frere. Il
» vous aime; il veut vous défendre d'un
» ennemi cruel, qui vient vous attaquer.
» Il alloit implorer pour vous le ſecours
» du Roi des montagnes. Laiſſez-le vivre:
» il ne vit que pour nous ». Ces cris, cet étrange langage étonnerent les Indiens. Mais leur inſtinct féroce les preſſoit. Ils dévoroient des yeux Alonzo, & tâchoient de ſe dégager des bras de leurs compagnes, pour ſe jeter ſur lui. « Non,
» tigres, non, s'écrierent-elles, vous ne
» boirez pas ſon ſang, ou vous boirez
» auſſi le nôtre ». Ces hommes farouches s'arrêtent. Ils ſe regardent entre eux, immobiles d'étonnement. « Dans quel dé-
» lire, diſoient-ils, ce captif a plongé
» nos femmes ! Êtes-vous inſenſées ? &
» ne voyez-vous pas que, pour s'échap-
» per, il vous flatte ? Eloignez-vous, &

CHAPITRE XX.

» nous laissez dévorer en paix notre proie.
» — Si vous y touchez, dirent-elles, nous
» jurons toutes, par le cœur du lion, dont
» vous êtes nés, de massacrer vos enfans,
» de les déchirer à vos yeux, & de les
» dévorer nous-mêmes ». A ces mots, les
plus furieuses, saisissant leurs enfans par
les cheveux, & d'une main les tenant
suspendus aux yeux de leurs maris, grinçoient les dents, & rugissoient. Ils en
furent épouvantés. « Qu'il vive, dirent-
» ils, puisque vous le voulez »; & ils
dégagerent Alonzo.

« Nous voyons bien, lui dirent-ils,
» que tu possedes l'art des enchantemens;
» mais du moins apprends-nous quel en-
» nemi nous menace ? — Un Peuple cruel
» & terrible, leur répondit Alonzo. — Et
» tu allois, disent nos femmes, deman-
» der au Roi des montagnes de venir à
» notre secours ? — Oui, c'est dans ce
» dessein que je suis parti de Tumbès;
» mais j'ai perdu mes guides. — Nous t'en
» donnerons un, qui te menera jusqu'au

» fleuve, au bord duquel est un chemin
» qui remonte jusqu'à sa source. Mais
» assiste à notre festin ».

A ce festin, où des béliers sanglans étoient déchirés, dévorés, comme lui-même il devoit l'être, Alonzo frissonnoit d'horreur. Il eut cependant le courage de demander au Cacique, s'il ne sentoit pas la nature se soulever, lorsqu'il mangeoit la chair, ou qu'il buvoit le sang des hommes? « Par le lion! dit le Sauvage,
» un inconnu, pour moi, n'est qu'un ani-
» mal dangereux. Pour m'en délivrer, je
» le tue; quand je l'ai tué, je le mange.
» Il n'y a rien là que de juste; & je ne fais
» tort qu'aux vautours ».

Après le festin, le Cacique invitoit Alonzo à passer la nuit dans sa cabane, lorsque les femmes vinrent en foule, & lui dirent : « Va-t-en. Ils sont assouvis; ils
» s'endorment. N'attends pas qu'ils s'é-
» veillent & que la faim les presse. Nous
» les connoissons. Fuis ; tu serois dévo-
» ré ». Cet avis salutaire pressa le départ
d'Alonzo.

CHAPITRE XX.

d'Alonzo. Il se mit en chemin avec son nouveau guide, non sans avoir baisé cent fois les mains qui l'avoient délivré.

NOTES.

(a) *Un long tissu de liane*]. Ces ponts s'appellent tarabites. La liane est une espece d'osier.

(b) *Furent ses alimens*]. L'oca est une racine savoureuse ; les mangles & les bannanes sont des fruits.

CHAPITRE XXI.

EN arrivant au bord de l'Emeraude, il fut surpris de voir à l'autre rive un Peuple nombreux s'embarquer, avec ses femmes & ses enfans, sur une flotte de canots. Il ordonne à son guide de passer à la nage, & de demander à ce Peuple s'il descend vers Atacamès, ou s'il remonte l'Emeraude, & s'il veut recevoir sur l'un de ses canots un Etranger, ami des Indiens.

Le Chef de cette Colonie lui fit répondre qu'il remontoit le fleuve; qu'il ne refusoit point un homme qui s'annonçoit en ami; & qu'il lui envoyoit un canot, pour venir lui parler lui-même.

Le jeune homme, après les périls auxquels il venoit d'échapper, ne voyoit plus rien à craindre. Il prend congé de son guide, entre sans défiance dans le canot, & passe à l'autre bord.

CHAPITRE XXI.

« Tu es Espagnol, & tu t'annonces
» comme l'ami des Indiens, lui dit, en
» le voyant, le Chef de cette troupe de
» Sauvages ! — Je suis Espagnol, lui ré-
» pondit Alonzo ; & je donnerois tout
» mon sang pour le salut des Indiens. C'est
» leur intérêt qui m'engage ».... Comme il
disoit ces mots, ses yeux furent frappés
d'une figure que les Indiens portoient à
côté du Cacique. A cette vue, Alonzo se
trouble; la surprise, la joie & l'attendrissement suspendent son récit, & lui coupent
la voix. Dans cette image, il entrevoit les
traits, il reconnoît du moins le vêtement
& l'attitude de Las-Casas. « Ah ! dit-il,
» d'une voix tremblante, est-ce Las-
» Casas ? est-ce lui qu'on révere ici
» comme un Dieu » ? Et il embrasse la
statue. « C'est lui-même, dit le Cacique.
» Est-il connu de toi ? — S'il est connu
» de moi ! lui, dont les soins, l'exemple &
» les leçons ont formé ma jeunesse ! Ah !
» vous êtes tous mes amis, puisque ses
» vertus vous sont cheres, & que vous

» en gardez le souvenir ». A ces mots, il se jette dans les bras du Cacique. « D'où » venez-vous ? ajouta-t-il ; où l'avez-vous » laissé ? & quel prodige nous rassemble »? Deux freres, qu'une amitié sainte auroit unis dès le berceau, n'auroient pas éprouvé des mouvemens plus doux, en se réunissant, après une cruelle absence.

« Peuple, dit Capana, c'est l'ami de » Las-Casas, que je rencontre sur ces » bords ». Aussi-tôt le Peuple s'empresse à témoigner au Castillan le plaisir de le posséder. « Tu es l'ami de Las-Casas ! viens, » que nous te servions », lui disent les femmes Indiennes ; & d'un air simple & caressant, elles l'invitent à se reposer. Cependant l'une va puiser, au bord du fleuve, une eau plus fraîche & plus pure que le cryftal, & revient lui laver les pieds ; l'autre démêle, arrange, attache sur sa tête les ondes de ses longs cheveux ; l'autre, en essuyant la poussiere dont son visage est couvert, s'arrête & l'admire en silence.

Chapitre XXI.

Alonzo attendrit le Cacique en lui faisant l'éloge de Las-Cafas; & le Cacique lui raconta le voyage de l'homme juste dans le vallon qui leur servoit d'asyle. « Hélas! ajouta le Sauvage,
» le croiras-tu? Cet Espagnol que nous
» avions sauvé, à la priere de Las-Cafas,
» c'est lui qui nous a perdus. — Lui?
» — Lui-même. — Le malheureux vous a
» trahis! — Oh non: ce jeune homme
» étoit bon. Mais son pere étoit un per-
» fide. Il l'a fait épier, comme il revenoit
» parmi nous; & notre asyle découvert,
» il a fallu l'abandonner. Las d'être pour-
» suivis, nous cherchons un refuge dans
» le royaume des Incas. C'est à Quito
» que nous allons; & pour éviter les
» montagnes, nous avons pris ce long
» détour. — C'est aussi à Quito que j'ai
» dessein d'aller, dit Molina »; & il lui apprit comment, ayant quitté Pizarre, touché des maux qui menaçoient les Peuples de ces bords, il avoit résolu d'aller trouver Ataliba, pour l'appeller à

leur secours. « Ah! lui dit le Cacique, je reconnois en toi le digne ami de l'homme juste : il me semble voir dans tes yeux une étincelle de son ame. Sois notre guide ; présente-nous à l'Inca comme tes amis, & réponds-lui de notre zele ».

La Colonie s'embarque ; on remonte le fleuve ; & lorsqu'affoibli vers sa source, il ne porte plus les canots, on suit le sentier qui pénetre à travers l'épaisseur des bois. Les racines, les fruits sauvages, les oiseaux blessés dans leur vol par les fleches des Indiens, le chevreuil & le daim timides, atteints de même dans leur course, ou pris dans des liens tendus & cachés sous leurs pas, servent de nourriture à ce Peuple nombreux.

Après avoir franchi cent fois les torrens & les précipices, on voit les forêts s'éclaircir, & la stérilité succede à l'excès importun de la fécondité. Au lieu de ces bois si touffus, où la terre, trop vigoureuse, prodigue & perd les fruits d'une

CHAPITRE XXI.

folle abondance, l'œil ne découvre plus au loin que des sables arides & que des rochers calcinés. Les Indiens en sont épouvantés; Alonzo en frémit lui-même. Mais à peine ils sont arrivés sur la croupe de la montagne, il semble qu'un rideau se leve, & ils découvrent le vallon de Quito, les délices de la nature. Jamais ce vallon ne connut l'alternative des saisons; jamais l'hiver n'a dépouillé ses rians côteaux; jamais l'été n'a brûlé ses campagnes. Le laboureur y choisit le temps de la culture & de la moisson. Un sillon y sépare le printemps de l'automne. La naissance & la maturité s'y touchent; l'arbre, sur le même rameau, réunit les fleurs & les fruits.

Les Indiens, Molina à leur tête, marchent vers les murs de Quitto, l'arc pendu au carquois, & tenant par la main leurs enfans & leurs femmes, signes naturels de la paix. Ce fut aux portes de la ville un spectacle nouveau, que de voir tout un Peuple demander l'hospitalité. L'Inca, dès qu'il lui est annoncé, ordonne qu'on l'introduise, & qu'on l'amene devant lui. Il sort lui-même, avec la dignité d'un Roi, de l'intérieur de son palais, suivi d'une nombreuse Cour, s'avance jusqu'au vestibule, & y reçoit ces Etrangers.

Le jeune Espagnol, qui marchoit à côté du Cacique, saluoit le Monarque, & alloit lui parler ; mais il fut prévenu par les frémissemens & par les cris des Mexicains. « Ciel ! dirent-ils, un de nos » oppresseurs ! Oui, poursuivit Oro- » zimbo, je reconnois les traits, les vê- » temens de ces barbares. Inca, cet » homme est Castillan. Laisse-moi venger » ma patrie ». En disant ces mots, il avoit l'arc tendu, & alloit percer Molina. L'Inca mit la main sur la fleche. « Cacique, lui dit-il, modérez cet em- » portement. Innocent ou coupable, tout » homme suppliant mérite au moins d'être » entendu. Parle, dit-il à Molina ; dis- » nous qui tu es, d'où tu viens, ce » qui t'amene, ce que tu veux de moi.

Chapitre XXI.

» Garde sur-tout d'en imposer ; & si tu es
» Castillan, ne sois point étonné de l'hor-
» reur que ta vue inspire à la famille de
» Montezume ».

« Ah ! s'il est vrai, lui dit Alonzo, leur
» ressentiment est trop juste ; & ce seroit
» peu de mon sang pour tout celui qu'on
» a versé. Oui, je suis Castillan ; je suis
» l'un des barbares qui ont porté la flamme
» & le fer sur ce malheureux continent ;
» mais je déteste leurs fureurs. Je viens
» d'abandonner leur flotte. Je suis l'ami
» des Indiens. J'ai traversé des déserts
» pour venir jusqu'à toi, & pour t'avertir
» des malheurs dont ta patrie est mena-
» cée. Inca, si, comme on nous l'assure,
» la justice regne avec toi, si l'humanité
» bienfaisante est l'ame de tes loix &
» la vertu de ton empire, je t'offre le
» cœur d'un ami, le bras d'un guerrier,
» les conseils d'un homme instruit des
» dangers que tu cours. Mais si je trouve,
» dans ces climats, la nature outragée
» par des loix tyranniques, par un culte

» impie & sanglant, je t'abandonne, &
» je vais vivre dans le fond des déserts,
» au milieu des bêtes farouches, moins
» cruelles que les humains. Quant au
» Peuple que je t'amene, je ne connois
» de lui que sa vénération pour un Cas-
» tillan, mon ami, & le plus vertueux
» des hommes. Je l'ai trouvé portant
» l'image de ce respectable mortel. La
» voilà : je l'ai reconnue; & dès-lors j'ai
» été l'ami d'un Peuple vertueux lui-
» même, puisqu'il adore la vertu. C'est
» par ses secours généreux que je suis
» venu jusqu'à toi. Je te réponds qu'il est
» sensible, intéressant, digne de l'appui
» qu'il implore. Il fuit son pays qu'on
» ravage ; & voilà son Cacique, homme
» généreux, simple & juste, dont tu te
» feras un ami, si tu sens le prix d'un
» grand cœur ».

La franchise & la grandeur d'ame ont un caractere si fier & si imposant par lui-même, qu'en se montrant, elles écartent la défiance & les soupçons. Dès que

Molina eut parlé, Ataliba lui tendit la main. « Viens, lui dit-il ; le guerrier & l'ami, le courage de l'un, les conseils de l'autre, tout sera bien reçu de moi. Ton estime pour ce Cacique & pour son Peuple, me répond de leur foi ; & je n'en veux point d'autre gage ».

Il ordonna qu'on eût soin de pourvoir à tous les besoins de ses nouveaux Sujets. Un hameau s'éleva pour eux dans une fertile vallée ; & Molina & le Cacique, reçus, logés dans le palais des enfans du Soleil, partagerent la confiance & la faveur du Monarque, avec les Héros Mexicains.

CHAPITRE XXII.

PIZARRE, de retour sur l'isthme, n'y avoit trouvé que des cœurs glacés, & rebutés par ses malheurs. Il vit bien que, pour imposer silence à l'envie, & pour inspirer son courage à des esprits intimidés, sa voix seule seroit trop foible; il prit la résolution de se rendre lui-même à la Cour d'Espagne, où il seroit mieux écouté.

Ce long voyage donna le temps à un rival ambitieux de tenter la même entreprise.

Ce fut Alvarado, l'un des compagnons de Cortès, & celui de ses Lieutenans qui s'étoit le plus signalé dans la conquête du Mexique.

La province de Gatimala étoit le prix de ses exploits; il la gouvernoit, ou plutôt il y dominoit en Monarque. Mais, toujours plus insatiable de richesse & de

Chapitre XXII.

gloire, il regardoit d'un œil avide les régions du midi.

Dans son partage étoient tombés Amazili & Télasco, la sœur & l'ami d'Orozimbo : amans heureux, dans leur malheur, de vivre & de pleurer ensemble, de partager la même chaîne, & de s'aider à la porter. Il les tenoit captifs ; & il avoit appris, par un Indien, qu'Orozimbo & les neveux de Montezume, échappés au fer des vainqueurs, alloient chercher une retraite chez ces Monarques du midi, dont on lui vantoit les richesses. Il en conçut une espérance qui alluma son ambition.

Il avoit près de lui un Castillan appellé Gomès, homme actif, ardent, intrépide, aussi prudent qu'audacieux. « J'ai
» formé, lui dit-il, un grand dessein :
» c'est à toi que je le confie. Nous n'a-
» vons encore travaillé l'un & l'autre que
» pour la gloire de Cortès. Nos noms se
» perdent dans l'éclat du sien. Il s'agit,
» pour nous, d'égaler l'honneur de sa

» conquête, & peut-être de l'effacer. Au
» midi de ce Nouveau Monde, est un
» Empire plus étendu, plus opulent que
» celui du Mexique : c'est le Royaume des
» Incas. Les neveux de Montezume ont
» espéré d'y trouver un asyle ; c'est par eux
» que je veux gagner la confiance du
» Monarque dont ils vont implorer l'ap-
» pui. Le jeune & vaillant Orozimbo est
» à leur tête ; sa sœur & l'amant de sa
» sœur sont au nombre de mes esclaves ;
» rien de plus vif & de plus tendre que
» leur mutuelle amitié ; & celui qui leur
» promettra de les réunir, en obtiendra
» tout aisément. Un vaisseau t'attend au
» rivage, avec cent Castillans des plus
» déterminés. Emmene avec toi mes cap-
» tifs, Amazili & Télasco ; emploie avec
» eux la douceur, les ménagemens, les
» caresses ; aborde aux côtes du midi ;
» envoie à la Cour des Incas donner avis
» à Orozimbo que la liberté de sa sœur
» & de son ami dépend de toi, & de
» lui-même ; qu'ils l'attendent sur ton

» navire ; & que la faveur des Incas,
» l'accès de leur pays, l'heureuse intelli-
» gence qu'il peut établir entre nous, est
» le prix que je lui demande pour la ran-
» çon des deux esclaves que tu es chargé
» de lui rendre. Tu sens bien de quelle
» importance est l'art de ménager cette
» négociation, & avec quel soin les ôtages
» doivent être gardés jusqu'à l'événement.
» Je m'en repose sur ta prudence ; & dès
» demain tu peux partir ».

Il fit venir les deux amants. « Allez
» retrouver Orozimbo, leur dit-il ; je
» vous rends à lui. Votre rançon est dans
» ses mains ».

La surprise d'Amazili & de Télasco fut extrême : elle tint leur ame un moment suspendue entre la joie que leur causoit cette étrange révolution, & la frayeur que ce ne fût un piege. Ils trembloient ; ils se regardoient ; ils levoient les yeux sur leur maître, cherchant à lire dans les siens. Amazili lui dit : « Souverain de nos desti-
» nées, que tu es cruel, si tu nous trompes !

» Mais que ton cœur est généreux, si
» c'est lui qui nous a parlé ! — Je ne vous
» trompe point, reprit le Castillan. Il
» n'appartient qu'à des lâches d'insulter
» à la foiblesse, & de se jouer du mal-
» heur; je sais respecter l'un & l'autre.
» Je plains le sort de cet Empire, & je
» vous plains encore plus, vous, de
» qui la fortune passée rend la chûte
» plus accablante. Osez donc croire à
» mes promesses, que vous allez voir
» s'accomplir. — Ah! lui dit Télasco, je
» t'ai vu porter la flamme dans le palais
» de mes peres; j'ai vu tes mains rougies
» du sang de mes amis; enfin tu m'as
» chargé de chaînes, & c'est le comble
» de l'opprobre : mais quelques maux que
» tu m'aies faits, ils seront oubliés; je te
» pardonne tout; & ce qu'on ne croira
» jamais, je te chéris & te révere. Vois
» à quel point tu m'attendris. Moi, qui
» jamais ne t'ai demandé que la mort, je
» tombe à tes pieds, je les baise, je les
» arrose de mes pleurs ».

Alvarado

CHAPITRE XXII.

Alvarado les embraſſa avec une apparence de ſenſibilité. « Si vous êtes recon-
» noiſſans de mes bienfaits, leur dit-il,
» le ſeul prix que j'oſe en attendre, c'eſt
» que vous m'en ſoyez témoins auprès
» du vaillant Orozimbo. Dites-lui que,
» ſi je ſais vaincre, je ſais auſſi mériter
» la victoire, & ménager mes ennemis,
» quand la paix les a déſarmés ». Alors
les deux captifs, emmenés au rivage,
s'embarquerent ſur le vaiſſeau qui leva
l'ancre au point du jour.

La courſe fut aſſez paiſible (*a*) juſques
vers les îles Galapes; mais là, on ſentit
s'élever, entre l'orient & le nord, un
vent rapide, auquel il fallut obéir, &
ſe voir pouſſer ſur des mers qui n'avoient
point encore vu de voiles. Dix fois le
ſoleil fit ſon tour, ſans que le vent fût
appaiſé. Il tombe enfin; & bientôt après
un calme profond lui ſuccede. Les
ondes, violemment émues, ſe balancent
long-temps encore après que le vent a
ceſſé. Mais inſenſiblement leurs ſillons

s'applaniffent ; & fur une mer immobile, le navire, comme enchaîné, cherche inutilement dans les airs un fouffle qui l'ébranle ; la voile, cent fois déployée, retombe cent fois fur les mâts. L'onde, le ciel, un horizon vague, où la vue a beau s'enfoncer dans l'abîme de l'étendue, un vuide profond & fans bornes, le filence & l'immenfité, voilà ce que préfente aux matelots ce trifte & fatal hémifphere. Confternés, & glacés d'effroi, ils demandent au ciel des orages & des tempêtes ; & le ciel, devenu d'airain comme la mer, ne leur offre de toutes parts qu'une affreufe férénité. Les jours, les nuits s'écoulent dans ce repos funefte. Ce foleil, dont l'éclat naiffant ranime & réjouit la terre ; ces étoiles, dont les nochers aiment à voir briller les feux étincelans ; ce liquide cryftal des eaux, qu'avec tant de plaifir nous contemplons du rivage, lorfqu'il réfléchit la lumiere & répete l'azur des cieux, ne forment plus qu'un fpectacle funefte ; &

CHAPITRE XXII.

tout ce qui, dans la nature, annonce la paix & la joie, ne porte ici que l'épouvante, & ne présage que la mort.

Cependant les vivres s'épuisent. On les réduit, on les dispense d'une main avare & sévere. La nature, qui voit tarir les sources de la vie, en devient plus avide; & plus les secours diminuent, plus on sent croître les besoins. A la disette enfin succede la famine, fléau terrible sur la terre, mais plus terrible mille fois sur le vaste abîme des eaux : car au moins sur la terre quelque lueur d'espérance peut abuser la douleur & soutenir le courage; mais au milieu d'une mer immense, écarté, solitaire, & environné du néant, l'homme, dans l'abandon de toute la nature, n'a pas même l'illusion pour le sauver du désespoir : il voit comme un abîme l'espace épouvantable qui l'éloigne de tout secours; sa pensée & ses vœux s'y perdent; la voix même de l'espérance ne peut arriver jusqu'à lui.

Les premiers accès de la faim se font

sentir sur le vaisseau : cruelle alternative de douleur & de rage, où l'on voyoit des malheureux étendus sur les bancs, lever les mains vers le ciel, avec des plaintes lamentables, ou courir éperdus & furieux de la proue à la poupe, & demander au moins que la mort vînt finir leurs maux. Gomès, pâle & défait, se montre au milieu de ces spectres, dont il partage les tourmens. Mais, par un effort de courage, il fait violence à la nature. Il parle à ses soldats, les encourage, les appaise, & tâche de leur inspirer un reste d'espérance, que lui-même il n'a plus.

Son autorité, son exemple, le respect qu'il imprime, suspend un moment leur fureur. Mais bientôt elle se rallume comme le feu d'un incendie ; & l'un de ces malheureux, s'adressant au Capitaine, lui parle en ces terribles mots :

« Nous avons égorgé, sans besoin,
» sans crime, ou du moins sans remords,
» des milliers de Mexicains : Dieu nous

CHAPITRE XXII.

» les avoit livrés, disoit-on, comme des
» victimes, dont nous pouvions verser le
» sang. Un Infidele, une bête farouche,
» sont égaux devant lui ; on nous l'a
» répété cent fois. Tu tiens en tes mains
» deux Sauvages ; tu vois l'extrêmité où
» nous sommes réduits ; la faim dévore
» nos entrailles. Livre-nous ces infortu-
» nés, qui n'ont plus, comme nous, que
» quelques moments à vivre, & auxquels
» ta Religion t'ordonne de nous pré-
» férer ».

« Si cette ressource pouvoit vous sau-
» ver, leur répondit Gomès, je n'hésite-
» rois pas ; je céderois, en frémissant,
» à l'affreuse nécessité ; mais ce n'est pas
» la peine d'outrager la nature, pour
» souffrir quelques jours de plus. Mes
» amis, ne nous flattons point : à moins
» d'un miracle évident, il faut périr.
» Dieu nous voit ; l'heure approche ; im-
» plorons le secours du ciel ». Cette réponse les consterna ; & chacun s'éloignant, dans un morne silence, alla

s'abandonner au défespoir qui lui rongeoit le cœur.

Dans un coin du vaisseau languissoient en silence Amazili & Télasco. Plus accoutumés à la souffrance, ils la supportoient sans se plaindre ; seulement ils se regardoient d'un œil attendri & mourant, & ils se disoient l'un à l'autre : « Je ne » verrai plus mon frere, je ne verrai plus » mon ami ».

Les Castillans, d'un air sombre & farouche, errans sans cesse autour d'eux, les regardoient avec des yeux ardens, & suivoient impatiemment les progrès de leur défaillance. A l'approche des Castillans, à leurs regards avides, à leurs frémissemens, aux mouvemens de rage qu'ils retenoient à peine, Télasco qui croyoit les voir, comme des tigres affamés, prêts à déchirer son amante, se tenoit près d'elle avec l'inquiétude de la lionne qui garde ses lionceaux. Ses yeux étincelans étoient sans cesse ouverts sur eux, & les observoient sans relâche. Si quelquefois

il se sentoit forcé de céder au sommeil, il frémissoit, il serroit dans ses bras sa tendre Amazili. « Je succombe, lui disoit-
» il ; mes yeux se ferment malgré moi ;
» je ne puis plus veiller à ta défense.
» Les cruels saisiront peut-être l'instant
» de mon sommeil, pour se saisir de leur
» proie. Tenons-nous embrassés, ma
» chere Amazili ; que du moins tes cris
» me réveillent ».

Gomès, qui lui-même observoit les mouvemens des Espagnols, leur fit donner quelque soulagement, du peu de vivres qui restoient, & les contint pendant ce jour funeste. La nuit vint, & ne fut troublée que par des gémissemens. Tout étoit consterné, tout resta immobile.

Amazili, d'une main défaillante, pressant la main de Télasco : « Mon ami,
» si nous étions seuls, je te demanderois,
» dit-elle, de m'épargner une mort lente,
» de me tuer pour te nourrir, heureuse
» d'avoir pour tombeau le sein de mon
» amant, & d'ajouter mes jours aux tiens!

T 4

» Mais ces brigands t'arracheroient mes
» membres palpitans; &, à ton exemple,
» ils croiroient pouvoir te déchirer toi-
» même, & te dévorer après moi. C'eſt
» là ce qui me fait frémir. — O toi, lui ré-
» pondit Télaſco, ô toi, qui me fais encore
» aimer la vie, & réſiſter à tant de maux,
» que t'ai-je fait, pour deſirer que je te
» ſurvive un moment ? Si je croyois que
» ce fût un bien de prolonger les jours
» de ce qu'on aime, en lui ſacrifiant les
» ſiens, crois-tu que j'euſſe tant tardé à
» me percer le ſein, à me couper les
» veines, & à t'abreuver de mon ſang ?
» Il faut mourir enſemble : c'eſt l'unique
» douceur que notre affreux deſtin nous
» laiſſe. Tu es la plus foible, & ſans
» doute tu ſuccomberas la premiere ;
» alors, s'il m'en reſte la force, je cole-
» rai mes levres ſur tes levres glacées,
» &, pour te ſauver des outrages de ces
» barbares affamés, je te traînerai ſur la
» poupe, je te ſerrerai dans mes bras,
» & nous tomberons dans les flots, où

CHAPITRE XXII.

» nous ferons enfevelis ». Cette penfée adoucit leur peine ; & l'abîme des eaux, prêt à les engloutir, devint pour eux comme un port affuré.

Avec le jour, enfin fe leve un vent frais, qui ramene l'efpérance & la joie dans l'ame des Caftillans. Quelle efpérance, hélas ! Ce vent s'oppofe encore à leur retour vers l'orient, & va les pouffer plus avant fur un océan fans rivages. Mais il les tire de ce repos, plus horrible que tout le refte ; & quelque route qu'il faille fuivre, elle eft pour eux comme une voie de délivrance & de falut.

On préfente la voile à ce vent fi defiré ; il l'enfle ; le vaiffeau s'ébranle, & fur la furface ondoyante de cette mer, fi long-temps immobile, il trace un vafte fillon. L'air ne retentit point de cris : la foibleffe des matelots ne leur permit que des foupirs & que des mouvemens de joie. On vogue, on fend la plaine humide, les yeux errans fur le lointain, pour découvrir, s'il eft poffible, quelque apparence de rivage. Enfin, de la cime du mât, le matelot croit appercevoir un point fixe vers l'horizon. Tous les yeux se dirigent vers ce point éminent, & qui leur paroît immobile. C'est une île ; on l'ose espérer ; le Pilote même l'assure. Les cœurs, flétris, s'épanouissent ; les larmes de la joie commencent à couler ; & plus la distance s'abrege, plus la confiance s'accroît.

Tout occupé du soin de ranimer ses soldats défaillans, Gomès leur fait distribuer le peu de vivres qu'on réservoit pour le soutien des matelots. « Amis, dit-il, avant » la nuit nous aurons embrassé la terre, » & nous oublierons tous nos maux ».

Ces secours furent inutiles au plus grand nombre des Espagnols. Les organes, trop affaiblis, avoient perdu leur activité. Les uns mouroient en dévorant le pain dont ils étoient avides ; les autres, en frémissant de rage de ne pouvoir plus engloutir l'aliment qu'on leur présentoit, & en maudissant la pitié qui les avoit fait s'abstenir

CHAPITRE XXII.

de la chair & du sang humain. Quelquesuns, adoucis par la foibleſſe & la ſouffrance, libres de paſſions, rendus à la nature, guéris de ce délire affreux où le fanatiſme & l'orgueil les avoient plongés, déteſtoient leurs erreurs, leurs préjugés barbares; & devenus humains, voyoient enfin des hommes dans ces malheureux Indiens, qu'ils avoient ſi cruellement & ſi lâchement tourmentés. Ceuxlà, tendant les mains au ciel, imploroient ſa miſéricorde; ceux-ci tournoient leurs yeux mourans vers les eſclaves Mexicains; & les traits douloureux du repentir étoient empreints ſur leur viſage. L'un d'eux, faiſant un dernier effort, ſe traîne aux pieds de Télaſco, & d'une voix entrecoupée par les ſanglots de l'agonie : « Pardonne-moi, » mon frere, lui dit-il »; & à ces mots il expira.

※

NOTE.

(a) *La course fut assez paisible*]. Dans un conte très-intéressant, intitulé *Ziméo*, imprimé à la suite du Poëme des Saisons, se trouve une description assez semblable à celle-ci. Mais j'ai pris soin de constater que cette partie de mon Ouvrage étoit écrite, & connue de mes amis, avant que le conte de Ziméo fût fait. L'Auteur l'a reconnu lui-même, & m'a permis de l'en prendre à témoin.

CHAPITRE XXIII.

CEPENDANT le rivage approche. On voit des forêts verdoyantes s'élever au-dessus des eaux : c'étoient les îles, qui depuis sont devenues célebres sous le nom de *Mendoce*. On aborde, & on voit sortir d'un canal qui sépare ces îles fortunées, une multitude de barques qui environnent le vaisseau. Ces barques sont remplies de Sauvages, d'une gaieté & d'une beauté ravissante, presque nuds, désarmés, & portant dans la main des rameaux verds, où flotte un voile blanc, en signe de paix & de bienveillance.

Le malheur avoit amolli le cœur des Castillans, & brisé leur orgueil farouche. L'éloignement & l'abandon leur avoient appris à aimer les hommes ; car le sentiment du besoin est le premier lien de la société. Pour être humain, il faut s'être reconnu foible. Attendris de l'accueil plein de bonté, que leur font les Sauvages, ils y répondent par les signes de la joie & de l'amitié. Les Insulaires sans défiance, s'élancent à l'envi de leurs barques sur le vaisseau ; & voyant sur tous les visages la langueur & la défaillance, ils en paroissent attendris : leur empressement & leurs caresses expriment la compassion, & le desir de soulager leurs hôtes.

Le Capitaine n'hésita point à se livrer à leur bonne foi. Un port formé par la nature, servit d'asyle à son vaisseau ; & lui & les siens descendirent dans celle de ces îles (*a*) dont le bord leur parut le plus riche & le plus riant.

Les Insulaires enchantés les conduisent dans leur village, au bas d'une colline, sur le bord d'un ruisseau, qui d'un rocher coule avec abondance, & serpente dans un vallon, dont la nature a fait le plus riant verger. Les cabanes de ce hameau sont revêtues de feuillages ; l'industrie, éclairée par le besoin, y a réuni tous les agrémens de la simplicité. Le nœud fragile, qui, pendant la nuit, ferme l'entrée de ces cabanes, est le symbole heureux de la sécurité, compagne de la bonne foi. La lance, l'arc & le carquois suspendus sous ces toits paisibles, n'annoncent qu'un peuple chasseur : la guerre lui est inconnue.

D'abord les Sauvages invitent leurs hôtes à se reposer; & à l'instant, de jeunes filles, belles comme les nymphes, & comme elles à demi nues, apportent dans des corbeilles les fruits que leurs mains ont cueillis. Il en est un (*) que la nature semble avoir destiné, comme un lait nourrissant, à ranimer l'homme affoibli par la vieillesse ou par la maladie. Ce fruit si délicat, si sain, sembla faire couler la vie dans les veines des Castillans. Un doux sommeil suivit ce repas salutaire ; & le peuple autour des cabanes se tint dans le silence, tandis que ses hôtes dormoient.

(*) Les voyageurs l'appellent *blanc-manger*.

A leur réveil, ils virent ce bon peuple, se rassemblant le soir sous des palmiers plantés au milieu du hameau, les inviter à son repas. Des légumes, d'excellens fruits, une racine savoureuse dont ils font un pain nourrissant, des tourterelles, des palombes, les hôtes des bois & des eaux, que la fleche a blessés, qu'a séduit l'hameçon; une eau pure, quelques liqueurs qu'ils savent exprimer des fruits, & dont ils font un doux mêlange : tels sont les mets & les breuvages dont ce peuple heureux se nourrit.

Tandis que le repos, l'abondance, la salubrité du climat réparoient les forces des Castillans, Gomès observoit à loisir les mœurs, ou plutôt le naturel des Insulaires; car ils ne connoissoient de loix que celles de l'instinct. L'affluence de tous les biens, la facilité d'en jouir, ne laissoit jamais au desir le temps de s'irriter dans leurs ames. S'envier, se haïr entre eux, vouloir se nuire l'un à l'autre, auroit passé pour un délire. Le méchant parmi eux étoit un

insensé,

insensé, & le coupable un furieux. De tous les maux dont se plaint l'humanité dépravée, le seul qui fût connu de ce peuple, étoit la douleur. La mort même n'en étoit pas un; ils l'appelloient *le long sommeil*.

L'égalité, l'aisance, l'impossibilité d'être envieux, jaloux, avare, de concevoir rien au-delà de sa félicité présente, devoient rendre ce peuple facile à gouverner. Les vieillards, réunis, formoient le conseil de la République; & comme l'âge distinguoit seul les rangs entre les citoyens, & que le droit de gouverner étoit donné par la vieillesse, il ne pouvoit être envié.

L'amour seul auroit pu troubler l'harmonie & l'intelligence d'une société si douce; mais paisible lui-même, il y étoit soumis à l'empire de la beauté. Le sexe fait pour dominer par l'ascendant du plaisir, avoit l'heureux pouvoir de varier, de multiplier ses conquêtes, sans captiver l'amant favorisé, sans jamais s'engager soi-même. La laideur, parmi eux, étoit un prodige ; & la beauté, ce don par-tout si rare, l'étoit si peu dans ce climat, que le changement n'avoit rien d'humiliant ni de cruel : sûr de trouver à chaque instant un cœur sensible & mille attraits, l'amant délaissé n'avoit pas le temps de s'affliger de sa disgrace, & d'être jaloux du bonheur de celui qu'on lui préféroit. Le nœud qui lioit deux époux, étoit solide ou fragile à leur gré. Le goût, le desir le formoit ; le caprice pouvoit le rompre ; sans rougir on cessoit d'aimer, sans se plaindre on cessoit de plaire ; dans les cœurs la haine cruelle ne succédoit point à l'amour ; tous les amans étoient rivaux ; tous les rivaux étoient amis ; & chacune de leur compagne voyoit en eux, sans nul ombrage, autant d'heureux qu'elle avoit faits, ou qu'elle feroit à son tour. Ainsi la qualité de mere étoit la seule qui fût personnelle & distincte : l'amour paternel embrassoit toute la race naissante ; & par-là les liens du sang, moins étroits & plus étendus, ne faisoient de ce Peuple entier qu'une seule & même famille.

Les Espagnols ne cessoient d'admirer des mœurs si nouvelles pour eux. La nuit, ce peuple hospitalier, leur cédant ses cabanes, n'en avoit réservé que quelques-unes pour les vieillards, pour les enfans & pour les meres. La jeunesse, au bord du ruisseau qui serpentoit dans la prairie, n'eut pour lit que l'émail des fleurs, pour asyle que le feuillage du platane & du peuplier. On les vit, dans leurs danses, se choisir deux à deux, s'enchaîner de fleurs l'un à l'autre; & quand le jour cessa de luire, quand l'astre de la nuit, au milieu des étoiles, fit briller son arc argenté, cette foule d'amans, répandue sur un beau tapis de verdure, ne fit que passer doucement de la joie à l'amour, & des plaisirs au sommeil.

Le lendemain ce fut un nouveau choix, qui, dès le jour suivant, fit place à des amours nouvelles. La marque d'amour la plus tendre qu'une jeune Insulaire pût donner à son amant, étoit d'engager ses compagnes à le choisir à leur tour. Il eût été humiliant pour elle de le posséder seule ; & plus, en vantant son bonheur, elle lui procureroit de nouvelles conquêtes, plus il étoit enchanté d'elle, & lui revenoit glorieux.

Quelle espece de culte pouvoit avoir ce Peuple ? On desiroit de s'en instruire ; on crut enfin le démêler. On vit dans une enceinte que l'on prit pour un temple, quelques statues révérées. Gomès voulut savoir quelle idée ces Insulaires y attachoient. Le vieillard qu'il interrogeoit, lui répondit : « Tu vois nos cabanes ;
» voilà l'image de celui qui nous apprit
» à les élever. Tu vois cet arc & ce car-
» quois ; voilà l'inventeur de ces armes.
» Tu nous a vus tirer du feu du froissement
» du bois, & du choc des cailloux ; voilà
» celui qui le premier découvrit à nos
» peres ce secret merveilleux. Regarde ces
» tissus d'écorce, dont nous sommes à
» demi vêtus ; l'art de les travailler nous

CHAPITRE XXIII.

» est venu de celui-ci. Celui-là nous apprit
» à nouer les filets où les oiseaux & les
» poissons s'engagent. Près de lui se pré-
» sente l'industrieux mortel qui nous a
» montré l'art de creuser les canots, &
» de fendre l'onde à la rame. Cet autre
» imagina de transplanter les arbres, &
» il forma ce beau portique, dont le ha-
» meau est ombragé. Enfin tous se sont
» signalés par quelque bienfait rare; &
» nous honorons les images qui nous re-
» présentent leurs traits ».

NOTE.

(a) Dans celle de ces îles]. On l'a nommée depuis l'Isle Christine. A neuf degrés de latitude méridionale. Cet épisode étoit écrit long-temps avant la découverte de l'île Ataïti, d'après les anciennes relations des voyages faits dans la mer du Sud.

CHAPITRE XXIV.

DES malheureux, à peine échappés aux dangers les plus effroyables, ayant trouvé dans cette île enchantée le repos, l'abondance, l'égalité, la paix, devoient être peu disposés à la quitter, pour traverser les mers, où les mêmes horreurs les attendoient peut-être encore. Un nouveau charme vint s'offrir, & acheva de les captiver.

On les invita aux danses nuptiales, à ces danses qui, sur le soir, rassembloient dans la prairie les jeunes amans du hameau, & dans lesquelles un nouveau choix varioit tous les jours les nœuds & les charmes de l'hyménée. Gomès s'opposa vainement aux instances des Indiens: il vit qu'il les affligeroit, & qu'il révolteroit sa flotte, s'il obligeoit les siens à résister aux plaisirs qui les appelloient. Tout ce qu'il put lui-même, fut de se refuser à cet attrait si dangereux, & de ne pas donner l'exemple.

Amazili & Télasco, depuis leur séjour dans cette île, rappellés à la vie, chéris des Indiens, libres parmi les Espagnols, ne respiroient que pour s'aimer. Ils ne se quittoient pas; ils jouissoient ensemble des douceurs de ce beau climat, des délices de leur asyle: il ne manquoit à leur bonheur que de posséder Orozimbo. Ils furent aussi conviés aux danses de la prairie. Jamais Amazili ne voulut consentir à s'y mêler. « S'il n'y avoit que des Sau-
» vages, dit-elle à Télasco, je n'hésiterois
» pas. Ils laissent à leurs femmes la liberté
» du choix; & tu serois bien sûr du mien.
» Si une plus belle que moi te choisissoit
» aussi, je serois préférée, je le crois;
» & s'il arrivoit qu'elle fût plus belle à
» tes yeux, je reviendrois pleurer dans
» la cabane, & je dirois: il est heureux
» avec une autre que moi. Mais non,
» cela n'est pas possible; & ce n'est pas la
» crainte de te voir infidele qui m'inquiete

» & me retient ; c'est l'orgueil jaloux de
» nos maîtres, que je ne veux pas irriter.
» Quelqu'un d'eux prétendroit peut-être
» au choix de ton amante : ils font fiers,
» violens ; ils feroient offensés de voir
» préférer leur esclave. Ah ! leur esclave
» sera toujours le maître absolu de mon
» cœur. Fais donc entendre aux Insulaires
» que notre choix est fait, que nous
» sommes heureux d'être uniquement l'un
» à l'autre; ou, si quelqu'une de ces beau-
» tés te touche plus que moi, va te mon-
» trer au milieu d'elles : tous leurs vœux
» se réuniront ; tu n'auras qu'à choisir ;
» & moi je te serai fidelle, &, en pleu-
» rant, je dirai au sommeil de me laisser
» songer à toi ». Cette seule pensée faisoit couler ses larmes. Le Cacique les
essuya par mille baisers consolans. « Qui,
» moi, dit-il, que je respire, que mon
» cœur palpite un instant pour une autre
» qu'Amazili ! Ne le crains pas ; ce seroit
» une injure. J'ai voulu, je l'avoue, assister
» à ces danses, pour me voir préférer par

Chapitre XXIV.

» toi : car tu fais que j'aime la gloire ;
» & il eſt doux d'être envié. Mais, puiſ-
» que tu crains d'exciter la jalouſie des
» Caſtillans, je cede à tes raiſons. Soyons
» fidellement unis ; & laiſſons à ces mal-
» heureux, qui ne connoiſſent point
» l'amour, les vains plaiſirs de l'inconſ-
» tance ». On fut ſurpris de leur refus ;
mais on n'en fut point offenſé.

L'enchantement des Eſpagnols, dans
cette fête voluptueuſe, ſe conçoit mieux
qu'on ne peut l'exprimer. Environnés
d'une foule de jeunes femmes, belles de
leurs ſimples attraits, ſans parure &
preſque ſans voile, faites par les mains
de l'amour, douées des graces de la nature, vives, légeres, animées par le
feu de la joie & l'attrait du plaiſir, ſou-
riant à leurs hôtes, & leur tendant la
main avec des regards enflammés, ils
étoient comme dans l'ivreſſe ; & leur
raviſſement reſſembloit au délire du plus
délicieux ſommeil.

Les Indiennes, dans leurs danſes,

sembloient toutes se disputer la conquête des Castillans : ainsi l'exigeoit le devoir de l'hospitalité. Ils firent donc un choix eux-mêmes ; mais, le jour suivant, la beauté reprit ses droits, & choisit à son tour. Alors, ce caprice bizarre que notre orgueil a engendré, & que nous appellons l'amour, cette passion triste, inquiete & jalouse, commence à verser ses poisons dans l'ame des Castillans. Ils prétendent détruire la liberté du choix, en usurper les droits eux-mêmes. Ils menacent les Insulaires ; ils intimident leurs compagnes ; ils effarouchent les plaisirs.

Gomès reçut, à son réveil, les justes plaintes des Indiens. « Tu nous as amené, » lui dirent-ils, des bêtes féroces, & non » pas des hommes. Nous les rappellons » à la vie ; nous partageons avec eux » les dons que nous fait la nature ; nous » les invitons à nos jeux, à nos festins, » à nos plaisirs ; & les voilà qui nous » menacent & qui nous glacent de frayeur.

« Ils veulent, entre nos compagnes, choi-
» sir, & se voir préférés. Qu'ils sachent
» que le premier droit de la beauté c'est
» d'être libre. Nos femmes sont toutes
» charmantes ; & c'est leur faire injure,
» que de vouloir gêner leur choix. Si
» tes compagnons veulent vivre en bonne
» intelligence avec nous, qu'ils tâchent
» de nous ressembler ; qu'ils soient bien-
» faisans & paisibles. S'ils sont méchans,
» remmene-les ».

Gomès sentit tout le danger de la licence qu'il avoit donnée, & vit les suites qu'elle auroit, s'il tardoit à les prévenir. Mais l'ivresse, l'égarement où les esprits étoient plongés, rendit ses efforts inutiles. Au mépris de la discipline, le désordre alloit en croissant. Les Soldats se disoient entre eux, que leur retour étoit impossible vers le rivage Américain ; que le vent d'orient, qui régnoit sur ces mers, s'opposeroit à leur passage ; que, par un miracle visible, le ciel les avoit conduits dans un asyle fortuné, où l'on vivoit exempt de fatigue & de foins, & au milieu de l'abondance; que, réfolus de s'y fixer, ils n'avoient plus d'autre patrie, & ne connoiffoient plus de Chef auquel ils duffent obéir. C'en étoit fait, fi les Infulaires, révoltés de l'ingratitude & de l'orgueil des Caftillans, n'avoient pris eux-mêmes la réfolution & le moyen de s'en délivrer.

Une nuit, forcès de céder à l'arrogance impérieufe de leurs hôtes, & les laiffant s'abandonner aux charmes des plaifirs, aux douceurs du fommeil, ils fe faifirent de leurs armes, & les jeterent dans la mer.

Gomès, inftruit de ce défaftre, affembla les fiens, & leur dit : « Nos armes » nous font enlevées. Ce Peuple fe venge: » il s'eft laffé de vos mépris. Plus adroit » que nous, plus agile, il feroit auffi » courageux. Mieux que nous il feroit » ufage de la fleche & du javelot. Il » connoît les retranchemens de fes bois » & de fes montagnes; & des îles voifines,

CHAPITRE XXIV.

» les Peuples ſes amis l'aideroient à nous
» accabler. Laiſſez-moi donc vous ména-
» ger une retraite aſſurée; &, en atten-
» dant, évitez tout ce qui peut troubler la
» paix ».

A ce diſcours, les Caſtillans furent interdits & troublés. Les plus intrépides pâlirent; les plus impétueux ſe ſentirent glacés. Alors un vieillard ſe préſente, & parle ainſi aux Caſtillans: « Il y eut,
» du temps de nos peres, un méchant
» parmi eux : il vouloit dominer; il vou-
» loit que tout lui cédât, que tout ne
» fût fait que pour lui. Nos peres le ſai-
» ſirent, quoiqu'il fût fort & vigoureux;
» ils lui lierent les pieds & les mains
» avec la branche du ſaule, & le jeterent
» dans la mer. Nous n'y avons jeté que
» vos armes. Éloignez-vous, & nous
» laiſſez en paix. Nous voulons être heu-
» reux & libres. Vous avez cette plaine
» immenſe de l'océan à traverſer; nous
» vous donnerons, pour le voyage, du
» bois, de l'eau, des vivres; mais ne

» différez pas. Pour vous, dit-il aux
» deux Mexicains, vous avez le choix
» de rester avec nous, ou de partir avec
» eux : car tout ce qui respire l'air que
» nous respirons, devient libre comme
» nous-mêmes. Ici la force n'est employée
» qu'à protéger la liberté ».

Les Castillans, indignés de s'entendre faire la loi, se plaignirent, & accuserent les Indiens de trahison. « Nous ne vous
» avons point trahis, reprit le vieillard
» Indien. Vos armes vous donnoient sur
» nous trop d'avantage ; & vous en avez
» abusé. Nous vous avons réduits, comme
» il est juste, à l'égalité naturelle. A pré-
» sent, voulez-vous la paix ? Nous l'ai-
» mons ; & vous partirez de ces bords,
» sans avoir reçu de nous la plus légere
» offense. Voulez-vous la guerre ? Nous la
» détestons ; mais la liberté nous est plus
» chere que la vie. Vous aurez le choix
» du combat. Nous partagerons avec vous
» nos fleches & nos javelots ; & nous
» nous détruirons, jusqu'à ce qu'il ne reste

» aucun de vous pour nous faire injure,
» ou aucun de nous pour la souffrir ».

Ce courage vulgaire, qui n'est dans l'homme qu'un sentiment de supériorité, abandonna les Castillans. Ils se repentirent d'avoir aliéné un Peuple si brave & si juste; & ils supplierent Gomès de les réconcilier ensemble. Gomès n'eut garde d'engager les Indiens à se laisser fléchir; & dès-lors toute liaison fut rompue entre les deux Peuples. Mais les devoirs de l'hospitalité n'en étoient pas moins observés. La même abondance régnoit dans les cabanes des Castillans; & leur navire fut pourvu de tout ce qu'exigeoit la longueur du voyage.

Amazili & Télasco n'eurent pas long-temps à se consulter. « Renoncerons-nous
» à revoir ton frere & mon ami, dit Té-
» lasco à son amante? Non, dit-elle; je ne
» puis vivre sur des bords où je serois
» sûre de ne le revoir jamais. Gomès
» nous donne l'espérance de nous re-
» joindre à lui; partons ».

Rien de plus rare, fur ces mers, que de voir les vents de l'aurore céder à celui du couchant (*a*). Gomès fut long-temps à l'attendre ; & lorsqu'il le vit s'élever, il en rendit graces au ciel, comme d'un prodige opéré pour favoriser son retour. Il assemble les siens. « Compagnons, leur
» dit-il, n'attendons pas que l'on nous
» chasse. Le vent nous seconde; partons,
» & partons sans regret : cette terre in-
» connue n'eût été pour nous qu'un tom-
» beau. Vivre sans gloire, ce n'est pas
» vivre. Être oublié, c'est être enseveli.
» Allons chercher des travaux qui laissent
» de nous quelque trace. L'influence de
» l'homme sur le destin du monde, est la
» seule existence honorable pour lui, la
» seule au moins digne de nous ».

L'homme se fait par habitude un cercle de témoins, dont la voix est pour lui l'organe de la renommée. Il existe dans leur pensée ; il vit de leur opinion. Rompre à jamais, entre eux & lui, ce commerce qui l'agrandit, qui le répand
hors

CHAPITRE XXIV.

hors de lui-même, c'est l'environner d'un abîme, c'est le plonger dans une nuit profonde. Aussi ces mots que prononça Gomès, frapperent-ils les Castillans d'un trait foudroyant de lumiere; & ils ne purent, sans frayeur, se voir, pour le reste du monde, au rang des morts, dont le nom même & la mémoire avoient péri.

Ce moment étoit favorable; & Gomès le saisit pour précipiter son départ. On le suit; on s'embarque, on dégage les ancres, on livre les voiles au vent. Les Indiens, tristement rassemblés sur le rivage, voyant le vaisseau s'éloigner, disoient en soupirant : « Que vont-ils de- » venir ? Ils étoient si bien parmi nous ! » Pourquoi ne pas y vivre en paix ? Ils » nous appelloient leurs amis, & nous » ne demandions qu'à l'être. Mais non : » ils sont méchans; qu'ils partent. Ils nous » auroient rendus méchans ».

Les Castillans, de leur côté, regrettoient cette île charmante. Tous les yeux

Tome I.

y étoient attachés; tous les cœurs gémissoient de la voir s'éloigner. Enfin elle échappe à leur vue ; & les soucis d'un long & pénible voyage viennent se mêler aux regrets d'avoir quitté ce beau séjour.

NOTE.

(a) *Les vents de l'aurore céder à celui du couchant*]. Cela n'arrive qu'au décours de la lune.

CHAPITRE XXV.

BIENTÔT l'inconstance des vents se fit sentir, & tint la flotte dans de continuelles allarmes; mais ils ne firent que décliner alternativement vers l'un ou l'autre pôle; & l'art du Pilote ne s'exerça qu'à diriger sa course vers l'aurore, sans s'écarter de l'équateur.

Le trajet fut long, mais tranquille, jusqu'à la vue du Pérou. Le naufrage les attendoit au port; & le ciel voulut qu'Orozimbo fût témoin du désastre qui vengeoit sa patrie sur ces malheureux Castillans.

Alonzo, dans l'attente du retour de Pizarre, avoit pressé l'Inca, roi de Quitto, de se mettre en défense. « Il n'est pas
» besoin, disoit-il, d'élever des remparts
» solides; des murs de sable & de gazon
» suffisent pour rebuter les Castillans. De
» tous les dangers de la guerre ils ne

» craignent que les lenteurs. C'est à
» Tumbès qu'ils vont descendre ; c'est
» ce port qu'il faut protéger ».

Ce plan de défense approuvé, Alonzo se chargea lui-même d'aller présider aux travaux. Orozimbo voulut le suivre ; & par les champs de Tumibanba, ils se rendirent à Tumbès. Le retour du jeune Espagnol chez ce Peuple, son premier hôte, fut célébré par des transports de reconnoissance & d'amour. « Eh quoi !
» lui dit le bon Cacique, tu ne m'as donc
» pas oublié ? Tu as bien raison ! Mon
» Peuple & moi, nous n'avons cessé de
» parler du généreux & cher Alonzo. Ils
» m'ont demandé que le jour où tu vins
» parmi nous, fût célébré, tous les ans,
» comme une fête. Tu crois bien que j'y
» ai consenti. C'en est une de te revoir ;
» & les larmes de joie que tu nous vois
» répandre, en sont de fideles témoins ».

Les travaux, qu'Alonzo dirige, commencent dès le jour suivant, & sont poussés avec ardeur. Ils s'avançoient ; le fort qui dominoit la plaine, & qui menaçoit le rivage, excitoit l'admiration des Indiens qui l'avoient élevé. Un soir, qu'avec Orozimbo & le Cacique de Tumbès, Alonzo parcouroit l'enceinte du fort, & s'entretenoit avec eux de cette fureur de conquête qui avoit saisi les Espagnols, & qui dépeuploit leur pays pour dévaster un nouveau monde, il apperçut de loin le vaisseau de Gomès, qui s'avançoit à voiles déployées. Il regarde; & ne doutant pas que ce ne fût le vaisseau de Pizarre : « Les voilà, les voilà, dit-il. Quelle » diligence incroyable a si fort pressé » leur retour ? Le ciel les seconde ; les » vents semblent leur obéir ». Comme il disoit ces mots, tout-à-coup, au milieu d'une sérénité perfide, un tourbillon de vent s'éleve sur la mer. Les flots, qu'il roule sur eux-mêmes, s'enflent en écumant, & semblent bouillonner. Dans le même instant, un nuage, roulé comme les flots, s'abaisse, s'étend, s'arrondit, se prolonge en colonne ; & cette colonne fluide, dont la base touche à la mer, forme une pompe, où l'onde émue, cédant au poids de l'air qui la presse à l'entour, monte jusqu'au nuage, & va lui servir d'aliment.

Molina reconnut ce prodige, si redouté des matelots, qui lui ont donné le nom de *trombe* ; &, à la vue du danger qui menaçoit les Castillans, il oublia leurs crimes, les maux qu'ils avoient faits, les maux qu'ils alloient faire encore ; il se souvint seulement que leur patrie étoit la sienne ; & son cœur fut saisi de crainte & de compassion.

Gomès eut beau se hâter de faire ployer les voiles, pour ne pas donner prise au tourbillon rapide qui enveloppoit son vaisseau, le vent le saisit, l'entraîna jusques sous la colonne d'eau, qui, rompue par les antennes, tomba, comme un déluge, sur le navire, & l'engloutit.

« Le ciel est juste, s'écria Orozimbo.

» Ainsi périssent tous les brigands qui ont
» ravagé mon pays. — Cacique, lui dit
» Molina, réservez votre haine & vos
» malédictions pour les heureux cou-
» pables. Le malheur a le droit sacré
» de purifier ses victimes ; & celui que
» le ciel punit, devient comme innocent
» pour nous ». Orozimbo rougit de la
joie inhumaine qu'il venoit de faire éclater. « Pardon, dit-il. J'ai tant souffert !
» j'ai tant vu souffrir ma patrie » !

Le calme renaît. La colonne & le
navire ont disparu. Mais, peu d'instans
après, on apperçut de loin deux malheureux échappés du naufrage, qui
nageoient à l'aide d'un banc, dont ils
s'étoient saisis. « Ah ! s'écrie Orozimbo,
» ils respirent encore : il faut les secou-
» rir. Cacique, hâtez-vous ; détachez
» des canots, pour les sauver, s'il est
» possible. Je vais au-devant d'eux ».
Il dit, & soudain se jette à la nage.
Un canot le suivit de près, & le joignit
avant qu'il eût atteint le bois flottant

au gré de l'onde, que ces malheureux embraſſoient.

Ces malheureux étoient ſa ſœur & ſon ami, qui prévoyant la chûte de la trombe, s'étoient élancés dans les eaux, plus hardis que les Caſtillans, & plus exercés à la nage. « On vient à nous; » courage, ma chere Amazili, diſoit » Télaſco : ſoutiens toi ; nous touchons » au ſalut. — Ah ! je ſuccombe, diſoit-» elle ; ma foibleſſe eſt extrême ; mes » défaillantes mains vont abandonner » leur appui. Si l'on tarde un moment » encore, c'en eſt fait, tu ne me verras » plus ».

Cependant leur libérateur, monté ſur le canot, fait redoubler l'effort des rames. Il arrive, il ſe panche, il tend les bras : « Venez, dit-il, ô qui que vous » ſoyez, vous êtes nos amis, puiſque vous » êtes malheureux ». Le péril, le trouble, l'effroi, l'image de la mort préſente, empêcha de le reconnoître. Amazili ſaiſit la main qu'il lui tendoit. Il la prend dans

Ah! laiße moi et sauve Telasco.

ses bras, l'enleve, & reconnoît sa sœur, une sœur adorée. Il jette un cri. « Ciel ! » est-ce toi ! ma sœur ! ma chere Amazili ! » Ah ! laisse-moi, dit-elle, d'une voix » expirante, & sauve Télasco ». A ce nom, Orozimbo la laissant étendue au milieu des rameurs, s'élance dans les flots, où son ami surnage encore ; il le saisit par les cheveux, dans le moment qu'il enfonçoit, regagne la barque, y remonte, & y enleve son ami.

Télasco, qui l'a reconnu, succombe à sa joie ; il l'embrasse ; & sentant ses genoux ployer, il tombe auprès d'Amazili. Orozimbo, qui croit les voir expirer l'un & l'autre, les appelle à grands cris. Télasco revient le premier d'un long évanouissement, mais c'est pour partager la crainte & la douleur de son ami. Livide, glacée, étendue entre son frere & son amant, Amazili respire à peine. Orozimbo sur ses genoux soutient sa tête languissante, dont les yeux sont fermés encore ; & sur ce visage, où se peint

la pâleur de la mort, il verse un déluge de larmes. Télasco cherche inutilement, à travers sa paupiere, quelques étincelles de vie. « Tu respires, lui disoit-il ; mais
» tu as perdu le sentiment. Tu n'entends
» plus ma voix ! Ton ame va-t-elle
» s'éteindre, & ton cœur se glacer ?
» Après tant de périls, après t'avoir
» sauvée, ô moitié de mon ame ! la
» mort, la mort cruelle te saisit dans
» nos bras ! O mon cher Orozimbo, le
» jour qui nous rassemble sera-t-il le plus
» malheureux de tes jours & des miens!
» N'as-tu revu ta sœur que pour l'en-
» sevelir ? N'as-tu embrassé ton ami,
» ne l'as-tu retiré des flots que pour le
» voir, désespéré, s'y précipiter pour ja-
» mais » ?

Cependant le canot avoit abordé au rivage ; & le Cacique & Molina ne savoient que penser de cet événement. « Ah ! vous voyez le plus heureux des
» hommes, si je puis ranimer cette femme
» expirante, leur dit Orozimbo : c'est

» ma sœur; voilà cet ami dont je vous ai
» tant de fois parlé. Le ciel réunit dans
» mes bras ce que j'ai de plus cher au
» monde. Ah! s'il est possible, aidez-
» moi à rendre la vie à ma sœur ».

Lorsqu'Amazili, ranimée, ouvrit les yeux à la lumiere, elle crut, au sortir d'un pénible sommeil, être abusée par un songe. Elle regarde autour d'elle; elle n'ose en croire ses yeux. » Quoi!
» dit-elle, est-ce vous? mon frere! mon
» ami! Parlez, rassurez-moi. — Oui, tu
» revois Télasco. — Tous mes sens sont
» troublés; mon ame est égarée; je ne
» sais encore où je suis! Télasco! j'étois
» avec toi, & nous allions périr en-
» semble. Mais mon frere! — Il est dans
» tes bras. Notre bonheur est un pro-
» dige. — Hélas! je suis trop foible pour
» l'excès de ma joie. Viens, Télasco,
» retiens mon ame sur mes levres. Je
» sens qu'elle va s'échapper ». Elle acheve à peine ces mots; & sans un déluge de larmes qui soulagea son cœur,

elle alloit expirer. Télafco recueillit ces larmes. « Rends le calme à tes fens, » refpire, ô mon unique bien ! lui difoit- » il ; vis, pour aimer, pour rendre heu- » reux un frere, un époux qui t'adorent. » — Mon ami ! mon frere ! c'eft vous ! » redifoit-elle mille fois en leur tendant » les mains ; je retrouve tout ce que » j'aime ! Dites-moi fur quels bords, » & quel prodige nous raffemble. » Sommes-nous chez un Peuple ami ? » — Vraiment ami, lui dit Alonzo ; & » je vous réponds de fon zele. Voilà fon » Roi qui nous eft dévoué ; & plus loin, » par-delà ces hautes montagnes, regne » un Monarque plus puiffant, qui nous » comble de fes bienfaits ».

La joie & le raviffement de ces trois Mexicains ne peut fe concevoir. Ils ne fe laffoient point d'entendre mutuellement leurs aventures ; & le fouvenir retracé des dangers qu'ils avoient courus, les faifoit frémir tour-à-tour.

Cependant le rempart s'éleve ; Alonzo

CHAPITRE XXV.

le voit achever. Il inftruit, il exerce le Cacique & fon Peuple à la défenfe de leurs murs; & après avoir tout prévu, tout difpofé pour leur défenfe, il retourne auprès de l'Inca, fuivi de fes trois Mexicains.

Ataliba reçut avec tant de bonté la fœur & l'ami d'Orozimbo, qu'en fe voyant dans fon Palais, ils croyoient être au fein de leur patrie, dans la Cour des Rois leurs aïeux.

Mais ce Monarque généreux étoit loin de jouir lui-même du repos qu'il leur procuroit. Une profonde mélancolie s'eft emparée de fon ame. Puiffant, aimé, révéré de fon Peuple, il fait des heureux, & il ne l'eft point. La fortune, envieufe de fes propres dons, a mêlé l'amertume des chagrins domeftiques aux douceurs apparentes de la profpérité.

Fin du premier Volume.

TABLE
DES CHAPITRES
DU PREMIER VOLUME.

Préface. Page 1

Chapitre premier. *État des choses dans le Royaume des Incas. Fête du Soleil à l'équinoxe d'Automne. Lever du Soleil le jour de sa fête. Hymne au Soleil.* 27

Chapitre II. *Le même jour, fête de la Naissance. Ataliba, Roi de Quito, reçoit les enfans nouveaux nés, sous la tutelle des Loix.* 35

Chapitre III. *Adoration du Soleil à son midi. Présentation de trois Vierges consacrées au Soleil. Cora, l'une des trois, se dévoue à regret. Sacrifice au Soleil. Festin donné au Peuple après le Sacrifice.* 48

Chapitre IV. *Jeux célébrés après le Festin.* 56

TABLE. 335

CHAPITRE V. *Coucher du Soleil. Présages funestes. Arrivée des Mexiquains, neveux de Montezume, qui viennent demander un asyle à l'Inca.* 64

CHAPITRE VI. *Orozimbo, l'un des Caciques Mexiquains, raconte à l'Inca les malheurs de sa Patrie.* 72

CHAPITRES VII, VIII, IX, X. *Suite de ce récit.* 84, 94, 108, 119

CHAPITRE XI. *Les Espagnols étendent leurs ravages vers le midi de l'Amérique. Caractere de Pizarre, & son entreprise. Cent jeunes Castillans partent de l'Isle Espagnole, pour s'aller joindre à lui. Alonzo de Molina est à leur tête. Il emmene avec lui Barthelemi de Las-Casas. Leur voyage, leur arrivée à Panama.* 134

CHAPITRE XII. *Conseil tenu avant le départ de Pizarre. Las-Casas y défend les droits de la nature & la cause des Indiens.* 150

CHAPITRE XIII. *En retournant à l'île Espagnole, Las-Casas va voir les*

Sauvages réfugiés dans les montagnes de l'Isthme. 173

CHAPITRES XIV, XV, XVI. *Suite de ce voyage.* 184, 196, 205

CHAPITRE XVII. *Pizarre part du Port de Panama. Il aborde à la côte apellée* Puéblo quémado. *Guerre avec les Sauvages. Chant de mort d'un vieillard Indien que les Espagnols font brûler.* 217

CHAPITRE XVIII. *Descente de Pizarre sur la côte de Catamès. Il passe à l'île* Del gallo. *Presque tous ses compagnons l'abandonnent. Il ne lui en reste que douze, avec lesquels il se retire dans l'île de la Gorgone, pour y attendre du secours; mais il est rappellé lui-même.* 230

CHAPITRE XIX. *Avant de s'en retourner, il va reconnoître la côte & le port de Tumbès. Accueil qu'il y reçoit. Molina se sépare de lui & reste parmi les Indiens. Molina prend la résolution d'aller à Quito, pour avertir Ataliba du danger qui*

TABLE.

qui le menace, & l'aider à s'en garantir. 246

CHAPITRE XX. *Voyage de Molina de Tumbès à Quito.* 257

CHAPITRE XXI. *Suite de ce voyage. Arrivée de Molina à Quito.* 274

CHAPITRE XXII. *Pizarre de retour à Panama, prend la résolution de se rendre en Espagne, pour faire autoriser & seconder son entreprise. Pendant son voyage, Alvarado, Gouverneur de la Province de Gatimala dans le Mexique, forme le dessein de tenter la conquête du Pérou. Il y envoie un vaisseau avec deux Mexiquains, la sœur & l'ami d'Orozimbo. Ce vaisseau est poussé sur la mer du Sud, & il y éprouve un long calme.* 284

CHAPITRE XXIII. *Il aborde à l'île Christine.* 301

CHAPITRE XXIV. *Séjour des Espagnols & des deux Méxiquains dans cette île.* 310

CHAPITRE XXV. *Le vaisseau retourne*

vers le Pérou. Il fait naufrage à la vue du port de Tumbès. Les deux Mexiquains se sauvent à la nage & retrouvent Orozimbo. 323

Fin de la Table du Tome premier.

ERRATA.

PREMIER VOLUME.

PAGE 254, ligne 22, *compagnes*, lisez *campagnes*.
P. 323, l. 15, *Quitto*, lisez *Quito*.
P. 324, l. 7, *Tumibanba*, lisez *Tumibamba*.

SECOND VOLUME.

PAGE 93, ligne 18, *Lieutenant*, lisez *Lieutenants*.
P. 119, l. 8, retranchez le premier &.
Ibid. l. 9, *ses*, lisez *ces*.

www.ingramcontent.com/pod-product-compliance
Lightning Source LLC
Chambersburg PA
CBHW050539170426

43201CB00011B/1486